日中外交の証言

元中国大使
中江要介

蒼天社出版

目次

1

日中国交正常化

「歴史を鑑として」語る意味

日中国交正常化からすでに三五年が経過し、日中平和友好条約締結から三〇年を迎えようとしている。しかし、現在の日中両国の間には、本来は問題にならないようなことをふくめ、多くの問題が存在している。そして、その解決が求められている。

「歴史を鑑として」われわれが未来を考えるならば、そうした問題に対する考え方や政策の方向が明らかになってくると思う。そして、現在と将来の日中関係について、そんなに悩み、苦しまなくてすむことが、自ずとわかってくるのではないだろうか。

私は外交官として、一九七二年の日中国交正常化と、その一方で行われた日華断交から、一九七八年の日中平和友好条約締結までの七年余りをアジア局で参事官、局次長、局長として、その後、一九八四年から八七年までの三年余りは中国大使として、日中外交の仕事に携わってきた。

日中国交正常化の一年前（一九七一年）に、国連代表部、ヴィェトナム、ユネスコ常駐代表などの海外勤務を経て本省に戻り、アジア局に七年余り在籍した間に、外相は福田赳夫氏から始まって、大平正芳、木村俊夫、宮沢喜一、小坂善太郎、鳩山威一郎、園田直の各氏と、なんと七人も代わった。つまり、七年間に外相が七人ということは、単純に割り算をしてみると、一人あたりの在任期間は一年に満たない。文字通り外相が入れ代わり立ち代わったことになる。

この人たちの一人ひとりは、個性のある政治家で、しかも在任期間が短いわけだから、常識的に考えても、継続的な外交はうまくいくわけがない。それにもかかわらず、日本の対中国外交を、国交正常化から始まって平和友好条約締結に至るまで一貫して進めることができたのは、外務省事務当局がしっかりしていたからだ、と自負している。

《日中国交正常化》、《日華断交》——すなわち日本と台湾(「中華民国」)の断交、そして《日中平和友好条約》の三点は、私が時の政府の対中外交の一部分に携わった仕事である。そこで、それぞれの局面において、自らが経験した範囲内で、こういうことがあったのに、現在こうなっているのはおかしいじゃないか、なぜそうなるのだろうか、などについて「歴史を鑑として」、お話ししたいと思う。

「歴史を鑑として」としてとらえる場合、まず、その歴史とは何だということが大きな問題になる。日中間には二〇〇〇年を超える長い歴史があり、私がこれから語る日中国交正常化から平和友好条約締結までの歴史は、それに比べてわずか数年間にすぎない。しかし、鑑としては非常に示唆に富んでおり、無視できない面がたくさんある。それを鑑として現在を考えてみれば、日中間の諸問題は自ずから解決できるのではないだろうか。
　そのことを、外務省が公表した外交文書にもとづいて客観的できわめて正確な分析を行った四人の学者（石井明・朱建栄・添谷芳秀・林暁光）の手による『記録と考証　日中国交正常化・日中平和友好条約締結交渉』（岩波書店、二〇〇三年）の「はじめに」では、こう書いている。

　目下、日中間には歴史認識問題、台湾問題、ＯＤＡ問題等をめぐって対立がある。本書に採録した文書を見ると、現在、日中間で争点になっている問題の多くが、すでに論争点となっていたことがわかる。問題のあり方が集約的に表現されている、と言っても過言ではないだろう。（ix頁）

理念なき外交

　まず、日中国交正常化についてお話ししようと、問題点を整理し、項目を並べてみて気づくのは、日本と中国（台湾を含んで）のことばかりである。そこには、大きく言えば国際社会、しぼって言えばアジア、とくに東アジアにおける戦中および戦後の枠組みの変化というものの中で、日中関係がどういうふうにとらえられて今日に至ったのか、という視点がほとんど欠けている。その欠けているものが何かと言えば、それは、外交理念、外交哲学であり、また、それにもとづく外交政策がないことである。

つまり、戦争中、国民は無我夢中で戦ったのだが、戦争が終わった後、私どもの世代のだれしもが経験したように、いわゆる〝虚脱状態〟というものが国民の中にあった。何も考える気力を失い、ただひたすら食べて寝る、文字通り、生きていくことだけが関心事だった時期があった。そういう時にこそ、真の為政者であれば、そうした状態にある国民に「これからの日本はいままでの日本とは違うのだ。新しい日本としてアジアにおける役割を果たしていくべきだ」、と考えを促すように働きかけるのが、役割であったはずだった。しかし、私自身に関する限り、いまから顧みてそうしたことに接したこともなければ、考えたこともなかった。

大学生であった私は、学徒出陣で戦争にとられ、復員してから文字通り虚脱状態にあった。そういう時に、為政者のだれかが、国民にこれからの道筋を示そうとしたか、あるいは提案したか、あまり記憶がない。そうした理念のなさがいまだに日本の体質として残っているように私は思う。

だから日中国交正常化の問題ひとつを取り上げてみても、その中にはっきりした日本の外交理念が示され、それにもとづいて交渉が行われなければならなかった。にもかかわらず、そうしたことがなかったため、現在になって、あちこちに問題が出てくる。

そのことが現在の日中関係の混迷のひとつの原因である。しかし、これを解くことは容易なことではない。首相なり外相なりが、あるいは政治家のだれかが「ああだこうだ」と言ってみたぐらいで決してよくなるものでもない。日本国民全体の問題として考えなければならないことである。

中国問題は台湾問題

では、日中国交正常化とは何だったのか、また、何が問題だったのだろうか。これには表と裏、光と影の部分がある。表というのは、ほかでもない日本と中国（中華人民共和国）との国交を正常化することである。そして、裏は、その結果として日本と中華民国との関係を絶つ、すなわち、その関係がなくなることである。

一九七二年の九月二五日、田中角栄首相が北京に行き、二九日に日中共同声明がまとまり、茅台酒を飲んで、「やあおめでとう、おめでとう」と言って浮かれていたのが光と言えば光である。では、影はどこにあったか。同じ九月一七日、田中訪中に先立って、日本政府の特使となった当時の椎名悦三郎自民党副総裁が訪台し、一九日に蔣経国・行政院長と会談した時である。椎名特使一行は台北の空港で、ものすごい反対デモにあう。私はそちらの方に行っていたが、空港から、宿舎の圓山大飯店という大きなホテルへ向かう途中で、デモというか反対運動に遭遇し、車にいろんなものを投げつけられたり、つばをひっかけられたりして、ひどい目にあった。これが影の部分にあたる。したがって第二章でお話しする《日華断交》は、日中国交正常化の影の部分、裏の部分だと思っていただければよい。

当時、こちらの影の方がほんとうは問題なのだ、という考えを持っておられた人がいた。大平正芳外相である。日中国交正常化の頃、大平さんは外相で、私はその下でお手伝いをしたが、「中江君、中国問題というのは、つまり台湾問題なのだよ」とよく言われた。その意味は、それまで友好裡に発展していた日台関係の処理の仕方にかかっている、ということである。

大平さんという人は、ご存知のように敬虔なクリスチャンで、風貌とかお話しぶりとはおよそ似つかわない、西欧合理主義者的な発想を持たれた方であったと私は感じていた。その大平さんは、やっかいな外交問題を見る時も、そういう意味では冷徹な目で見ておられた。

金大中事件が発生した時（一九七三年）も同じだった。その時も大平さんが外相で、私はアジア局にいたのだが、大平さんは、「韓国との関係、朝鮮半島との関係というのは、ただの関係ではなくて、日本にとっては〝業〟だ」という発想でものを考えておられた。

日中の国交を正常化することなら、だれだってできる。「今日から北京と外交関係を結びます。おめでたいことである」と、それでおしまいである。しかし、日中国交正常化のほんとうの姿というのは、日台関係、すなわち、台湾との関係をどうするか、ということだとの問題意識を私は強く持っていた。そのことが具体的な形として明らかになってくるのが、国際法上の問題であった。

平和条約か友好条約か

一番目に、日中平和条約なのか友好条約なのか、という問題がある。これは何でもないことのようだが、このテーマひとつで何時間議論してもつきないくらい多くの問題点がある。なぜかと言えば、平和条約とは、戦争をした国同士が講和を結ぶことである。では、日本と中華人民共和国は戦争をしたのか。その事実はどこにも残っていない。

日本に対して宣戦布告し、あるいは日本が敵として戦ったのは中華民国である。中華人民共和国は一九四九年一〇月一日に誕生しているから、戦争が終わって誕生した国と戦争を終わらせる平和条約を結ぶというのは、理屈としておかしい。したがって、中国との間で平和条約を結ぶということはありえなかった。

このように、平和条約か友好条約かという議論は、条約という名前はついているが、基本は、日本と中国は戦争状態にあったのか、なかったのか、という点にある。もしあったのなら、その戦争状態をなくして平和な関係にするために、平和条約的なものが必要だったかもしれない。しかし、そうではないことで、結果として、日中平和友好条約ではなく、日中共同声明になった。

日中国交正常化の交渉の時、中国とは平和友好条約を結んで、まず両国関係を戦時から平時にしなければいけないという考え方もあった。しかし、先に日中共同声明を発表し、平和友好条約ついては共同声明の中で、「正常化した後に交渉を進め結びましょう」、ということがうたわれた。

共同声明が先になったというのは、実は周恩来首相の発想である。周恩来は、日中国交正常化交渉の前に日本と平和条約を結ぶこと、あるいは日本と国交を樹立することは、非常にむずかしい、簡単にはいかないと考えていた。そこで、まず日中関係を正常化し国交を持つ、という日中国交正常化を、共同声明か共同宣言でやってしまおうと考えた。そして、国交正常化後に平和友好条約を結ぶことにしたいと、交渉前の早い段階から言っていたという。

その意味は事務当局からみると、もし平和条約にしたら、日本の国会の承認が必要になる。ところが、共同声明なら政府間だけでできて国会の承認は要らない。周恩来がそこまで読んでいたかわからないが、読んでいたとしたら、すごい人物だと思う。もし、日中平和条約を国会にかけていたら、承認されなかったかもしれない。それこそ強行採決だの、単独採決だの、乱闘騒ぎだの、いろいろなことをしなければならなかったと思う。

そういう国会の審議を避けて、政府間で「日中の間の国交は正常化された」と共同声明を出し、それからおもむろに平和友好条約の話をしよう、という周恩来の構想は、いまから思うと大変なものではないだろうか。

ところが国交正常化を共同声明にして、政府間でやってしまったのはよかったが、戦争責任と賠償問題をいいかげんにしてしまった。また、台湾問題などもすべてあいまいにしてしまったため、その〝つけ〟のようなものが現在残っている。

したがって、国会審議をやったうえで、条約を結ぼうということになっていれば、国民も新聞を読んで、何が問題か勉強できた。ところが共同声明だから、国民が勉強する間もないうちに新聞発表があり、北京の人民大会堂で、「乾杯、乾杯」と大宴会になってしまった。国民も「めでたい、めでたい」ということをテレビで見たり聞いたりしたが、何でめでたいのか、共同声明の中身についてはほとんど議論に参加しなかった。それが災いして、日本の国民の多くが、日中国交正常化とは何かがわかっていない。正直言って、共同声明をきちんと読んでいる人は、おそらくいないのではなかろうか。

結局、日中国交正常化はいわゆる政治的なパフォーマンスで終わってしまった。

国交樹立か国交回復か

二番目に、国交樹立か国交回復かという問題である。仮に中華人民共和国という国を国として認めたとして、その中国と国の交わりを新しく立てるのか、それとも前にあった関係に戻る、すなわち国交を回復するのか、という認識の違いも非常に大きいものがあった。日本は中華民国とずっと戦争をし、一九七二年の時点では中華民国と平和条約を結び、関係をつづけていた。そして、中華人民共和国との国交はもちろんない。したがって今回新たに中華人民共和国と国交を樹立するのだという発想になる。

他方、一九四五年に戦争が終わって、やがて中国大陸で人民解放闘争に勝利して一九四九年に中華人民共和国が誕生した。このことによって、戦後、関係の途絶えていた中国というのは中華民国ではなくて中華人民共和国になったのだから、その中国との国交を回復することは、とりもなおさず中華人民共和国との国交回復だという発想になる。

国交正常化か関係正常化か

三番目として、国交正常化なのか関係正常化なのか。『記録と考証　日中国交正常化・日中平和友好条約締結交渉』で、「日中国交正常化」と書いてあるように、一般的にはよく国交正常化と言われる。しかし、日本と中華人民共和国との間に国交があった、それを正常化するのだ、という発想なのか、それとも国交はなかったのだが、ないからこれから関係を正常化するのだという発想なのか、つまり相手を国と認めているか認めていないかによって、国交正常化なのか関係正常化なのか、この表現が変わってくる。

少し理屈っぽい話になってしまったが、こういう言葉使いひとつとっても、その時、中国大陸に存在していた政権なり国家なり民族というものを日本がどう受け止めるのかがはっきりしない以上、国際法上は明解な答えは出てこない。

私は外務省では条約局が長く、また、条約局の仕事は、国際法に則してものを見て、それにもとづいて政策を裏打ちする、政策の正当性を組み立てることだった。だから、こうしたことがはっきりしないと、交渉するにも、あるいは新たな交流をするにも文面に書きようがない、話しようがない。そこで、当時、事務当局では国際法上の問題というのをずいぶん議論した。

結果としてどうなったか、一口で言えば〝同床異夢〟である。同床異夢とは、非常に不埒な話だが、同じベッドに入って別の夢を見ていることである。日中間の関係正常化の時の同床異夢とは、中国からすると、中華民国が革命で追っ払われて台湾に逃れて行った後、中国を代表するのは中華人民共和国である。したがって、その後、日本と、もし平和条約を結ぶのであれば、それは当然、日本国と中華人民共和国とが平和条約を結んで戦争を終わらせ、戦争の後始末をすべきである、ということになる。だから、平和条約でなければならないし、国交回復でなければならないし、国交の正常化でなければならない。

ところが日本の方は、そんなことを言うがこっちは違う。戦争した相手の中華民国が革命によって追っ払われたとはいえ、まだ台湾という小さい島（小さい島と言うが、中国大陸の横にあるから小さく見えるので、あの程度の広さの国はアフリカなんかに行ったらざらにある。決して小さい島ではない）に逃れて、そこで中華民国でありつづける、つまり蔣介石一派の国民党支配の国家体制をそこでつづけている。それと日本はずっと関係を持っている。だから戦争をした中華民国と平和条約を結んで平和を回復しているのだから、あらためて中国と平和条約を結ぶなどということは考えられない、という立場になる。

中国と日本という国際法上の認識が真っ向から違ったもの同士でどういう関係を正常化するか、そこで浮んできた言葉が〝関係正常化〟である。つまり、国と国との関係であるかどうかは議論しない、それを議論しても水掛け論とは言わないまでも平行線になってしまう。お互いに立場があってとうてい容認できない。したがって関係がアブノーマルだから、これをノーマライズしよう、ということになった。つまり関係正常化というベッドの中に入ったのだが、片方は「これは関係正常化ではない、平和条約だよ」と思っているし、片方では「こんなのは平和条約ではない、関係正常化しただけだよ」と思っている、そういう形で納まった。

ひとつの戦後処理

それから四番目に、外交上、日中国交正常化をどう受け止めるべきかという点である。外務省の事務当局として自分の方の主管の仕事だから、いろいろ勉強した。

私が考えるに、結局これはひとつの戦後処理ではないか、ということである。戦後処理とは、戦争が終った後で敵国との間で和を講じ、その中で勝った方は負けた方にいろいろと注文をつけ、負けた方は悪うございましたと言って謝ったり、領土の一部を差し出したり、請求権という形で賠償を払ったりすることである。中国との戦争状態は、台湾の中華民国との間で平和条約を締結したが、その時点においては、中華民国というのは台湾および澎湖諸島しか支配していない。したがって、戦争の大部分が行われた中国大陸については施政権がまったく及んでいない。そんな政権と平和条約を結んで、それで戦後処理をしたとは言えない。だから、中国大陸との間で戦争の結果生じたいろいろな問題をきちんと解決しなければ、戦後処理が全うされたとは言えない。

この考え方は、現在の北朝鮮との関係についても同じだ。北朝鮮というと、〝三つのならず者国家〟だと言って悪者にし、話をするのも不愉快だという態度を日本はとる。また、北朝鮮が何か言うとそれをすべて悪くとって、「信用できない。引き延ばし策にすぎない。また嘘をついている」、とばかり言うが、そんなことでよいのだろうか。朝鮮半島との間の戦後処理は、私は条約局の頃にお手伝いしたが、一九六五年に日本と大韓民国との間の関係正常化、いわゆる日韓正常化交渉があった。しかし、アメリカの強い意向で朝鮮半島の南半分とだけ日本は正常化し、北半分については、「あんなものは相手にしない」と、ほったらかした。

そのほったらかしにされた北朝鮮がそのまま現在に及んでいる。日本が戦後処理と言うのなら、こちらの方も早く処理しなければいけない。処理するとは、韓国との間でやったように、北朝鮮との間で関係正常化の話をすればよいのである。つまり日韓正常化を一九六五年に終えたのだから、今度は二〇〇〇何年かに、北朝鮮との間で日朝正常化をすればよい。つまり、問題の根本は正常化交渉である。

ところがいつの間にか、だれかがすり替えて、ミサイルの問題とか、拉致の問題とか、核の問題とかが解決されない限り正常化しない、と順序が逆になってしまった。また、その間違いをみんながそうだと思い込んでいる。一番根本になるのは、北朝鮮との関係を正常化し、そのうえで問題があればそれを話し合って解決していく、これが道理というものだ。歴史を鑑とすれば、現在の日本の北朝鮮政策は間違っているように私には思える。

最大の戦後処理

戦後処理は、戦争が終わってから方々の国と平和条約を締結したり、あるいは独立を承認したりして、進んでいるが、現在ただひとつ残っているのが北朝鮮である。「アジア外交、アジア外交」と言うが、アジアの中で戦後処理の終わっていない地域をほったらかしたまま、アジア外交を言うのはどこか後ろめたいものが残る。

先の戦争で、アジアであれだけ好き勝手なことをして混乱を招いた日本が、戦後処理をきちんと終えたうえで、アジア諸国との関係を考えるのが道理である。そうした考え方からすると、日中国交正常化というのは大きな戦後処理だった。アジアの中で一番大きな戦後処理は中国大陸との間のものだったと思う。

あの戦争が一九三一年の柳条湖事件から始まって満州事変、そして翌年の上海事変と広がって日中全面戦争に至り、さらに太平洋戦争まで伸びて、イギリス・アメリカを敵に回した大戦争になった。それは、もとはと言えば、中国大陸から端を発した話で、日本軍は中国大陸でずいぶん長い間、中国人を蹂躙した。その被害者あるいは被害者の関係者の中国人はまだたくさんいらっしゃる。そういう中国大陸のことをほったらかしにして、台湾の蔣介石は二〇〇万の日本軍を無事日本に帰国させてくれたじゃないか、賠償も求めないで、「怨みに報いるに恩をもってする」と温情を施してくれたじゃないかと、「蔣介石サマサマだ」と言う人たちがいて、大陸の方をほったらかしにしてきた。

共産主義というのは危険思想でけしからん、容共は認められない、反共だという思想を残したまま、アジアにおける戦後処理が最後まで遅れたのが中国大陸だった。その日中関係を正常化してノーマライズしたことは、これは戦後処理として当然のことをやったと思う。そういう意味では日本のアジア外交に大きく貢献したはずである。それが正常化の大きな外交上の理念というかメリットではないだろうか。

外交の幅を広げる

それから五番目に、当時、中華人民共和国政府は、国際社会で大きく認められ、国連における代表権も台湾の中華民国から大陸に移り、国連の安全保障理事会の常任理事国も中華民国ではなく中華人民共和国となった。その中華人民共和国と関係を持たないのは、日本の外交の幅を非常に狭めている、したがって日中国交正常化は日本の外交の幅を広げることに貢献するのではないか、と私ども外務省事務当局は盛んに主張していた。

あの中華人民共和国と口も利けないような日本ではだめだ。中華人民共和国と口の利ける正常な関係を持ってこそ、アジアでも国際社会でもはじめて発言に重みが出る、というのが外交の幅の意味だった。

その点から考えてみると日本はほんとうに外交の幅を広げたのだろうか。広がったはずの外交の幅を活用して、日本の国益を守り国益を伸長するために、日本の外交がどれだけ活躍しているかというと、たいへん恥ずかしい思いをせざるをえない。

日本が国連の安全保障理事会の常任理事国になるのだと言って、最初に「そうだ、そうだ。一緒にやろうじゃないか」と言ってくれるはずの中華人民共和国がそれに真っ向から反対している。こんなことでは、外交の幅は広がっていない。そういう意味で、せっかく正常化したのに、日本のアジア外交、国際社会における外交の幅は広がらないばかりでなく、むしろかえって日本は孤立しているような状況になったのは、事志しと違っているような気がしてならない。

瓢箪から駒

当時、日本の国内政治は、日中国交正常化をどのよう見ていたか、一口で言えば〝瓢箪から駒〟という状況だった。中国との関係をぜひ正常化すべきである、それが当然の成り行きであるといったコンセンサスを与野党がともに持ち、そういう方向が生まれてきたかと言うと、決してそうではない。役人として政治家と接している限りそういったことは感じられなかった。

何を感じたかと言えば、一九八九年七月七日の日本経済新聞の『あすへの話題』というコラムに「七夕の空」と題して書いたように（二章八七頁参照）、一九七三年の〝七夕選挙〟といわれた自民党総裁選挙で、第一回目の投票の結果、田中角栄一五六票、福田赳夫一五〇票という僅差で、田中が福田を破って首相になる。田中は総裁選挙の公約のひとつに日中国交正常化を掲げていたが、中国との国交をどうしても正常化しなければ日本の政治家としては一人前じゃないといった立派な理念があったわけではない。「よっしゃ、わかった」と言って、わかったか、わからなかったか知らないが、北京に行った。そして茅台酒を飲んで「ワアワア」言って帰ってきて、「日中国交正常化はめでたい、めでたい」と言う。私の目から見れば、これは〝瓢箪から駒が出た〟ようなものであった。

これは日本がいかに外交オンチであるか、外交不在であるかを示したひとつの例だと思う。この経験は、これを鑑として現在の政治をみるとよくわかる。二〇〇五年の秋、郵政民営化だけを争点にして総選挙をやって、多数の議席を獲得したから、何でもやっていいのだ、いやなことは何にもしなくていいのだ、という外交を現在やっている。こんなことでは日中国交正常化の時と同じ過ちを繰り返すのではないか、と私は思う。

中国文化への畏敬

日中国交正常化について、国民がどう考えていたか、当時の雰囲気としては、中国大陸のあの大きな市場をいつまでも不正常なままにしておくのは決して日本の経済にとってプラスにはならないという、主として経済的な利害得失から生まれたものだった。靴一足売っても一〇何億足売れるじゃないか、だからそういう市場をほっておいてはいけない、よその国は中国と次つぎと関係を持っている、だから日本は〝バスに乗り遅れるな〟と、打算からくる考え方が相当強かった。

しかし、中国の人口は仮に一〇億人として、靴一足売っても一〇億足売れるが、しかしその一〇億の人がお金を持っていなければ靴は買ってもらえないと私は思った。相手の購買力のことなどまったく考えないで一〇億人いるから一〇億足売れるという貧しい発想で日本人は動く。

それから、国民の中に強く根づいた反共、共産主義反対、共産主義に対する恐怖があった。他方、いまやそんなことを言っている時代ではない、どんな主義であろうと広く思想の自由、言論の自由を新しい社会では尊重しなければいけない、だから共産党だからといって毛嫌いするのはおかしいという容共の考え方もあった。

もうひとつ、これは現在でもあるが、革命前の何千年という中国の歴史、それから中国人の築いてきた文化に対する畏敬の念が日本にはある。それは、われわれの生活のまわりにたくさんある。漢字からしてそうだし、漢字を媒介とする言葉の問題もそうである。ただ同じ漢字を使っているから同じ意味だと思ったら大間違いで、まったく意味が違っていることもある。日本人と中国人というのは、地理的にも近いからいろいろ交流があり、その交流を通じて日本は多くのことを学んでいる。こうして日本人には骨身にしみて、中国文化に対する畏敬の念や親しみがある。

政治の世界と違う文化の力

この文化の力というのは、侮りがたいものである。ヴィェトナム戦争のさなかに私はサイゴンにある日本大使館に在勤していた。ヴィェトコン(南ヴィェトナム解放民族戦線)

の《テト（旧正月）攻勢》でアメリカ軍が負ける大逆転の頃、サイゴンの人たちは毎日毎日、爆撃にさらされて混乱の中での生活を強いられていた。そうした時に、私はグエン・チ・ミンという現地人の青年画家に出会った。

彼と親しくなって、アトリエに遊びに行くと、たくさん描いてある絵の中に、サイゴン川に浮かぶ舟の上で生活している貧しいヴィェトナム人の姿、ドブの臭い匂いが漂ってくるようなサイゴン川と掘っ立て小屋のような家が、赤い夕陽に映えている風景画があった。私はその絵が気に入って、「戦火のサイゴンだな」と言って買い求め、現在も家に持っている。

そして、彼といろいろ話をしていたら、彼はこうした絵を描く気持ちを「この絵にあるような姿はフランスが植民地時代に残していったものだ。フランスの植民地支配は、われわれヴィェトナム人にこうした貧しく汚い生活を残していった。その憤りを描いています」と言う。私は、ああそうかと思った。

そして、いよいよサイゴンがヴィェトコンによって陥落する直前に彼のところを訪ねて、「いよいよ危ないな。サイゴンが陥落してヴィェトコンが入ってきて共産主義政権になったらどうするのだ」と聞いたら、彼はためらわずに「パリに行く。パリに逃れる」と言う。あれだけフランスの植民地政策を憎んでいたのに、意外にも彼はパリに行く、「どうしてなんだ」と聞くと、「フランスとフランス文化とは違う」と答えた。つまり、彼の心を支えてくれる文化の力は、醜い政治の世界とは異なるということである。このことを中国との関係を考える時によく思い出す。

だから、日本人の中にある、中国文化に対する一種のノスタルジーのようなものが、中国との正常化を望む国民の気持ちの裏に隠されていたように思われてならない。

アジアの安全保障

アジアの安全保障についてアメリカの意図がどこにあったか、『記録と考証　日中国交正常化・日中平和友好条約締結交渉』の中で、添谷芳秀さんが「米中和解から日中国交正常化へ――錯綜する日本像」というタイトルで書かれている。日本がいかに外交理念を持たずに、あたふたと正常化していったか、それに対して、アメリカや中国がいかに日中問題を長期的な深い戦略的見地から考えていたかについて書いておられるのだが、これが非常におもしろい。

アメリカと中国は、キッシンジャー大統領補佐官が、一九七一年七月と一〇月に再度、訪中し、しばらくして、一九七二年二月二一日にはニクソン大統領が訪中して周恩来と会談した。周恩来に話したアメリカの基本的な考え方は、「日本は少し油断をすると大変やっかいなことをする危険な国だ。これをきちんと押さえておかなければだめだ」ということだった。この認識は、現在もまったく同じだと思う。

つまり、アメリカは日本を信頼していない。キッシンジャーは、大変対日不信の強い人だった。宮沢喜一外相の時、日本に来て、外務省の飯倉公館という迎賓館で話された時、「われわれは日本に対しては大事なことは話せない。なぜなら、日本に話すとすぐ漏れてしまう。だから日本には大事なことは話しません」とはっきり言う。それを聞いて、私もつくづく同感だと思った。日本の政治家は、「ここだけの話だけど、君だけに言っておく」、「おれだけは知っているのだ」と、簡単に他人に漏らしてしまうからだ。

アメリカが日中国交正常化をどう考えているか中国と議論を重ねているその時に、周恩来だったか毛沢東だったかが、「日中国交正常化はなかなかむずかしい。しかし、ここに一つの取り引きがある。それは、日本は一つの中国を認める。つまり、台湾と大陸にある二つの中国ではなく、一つの中国を認める。そのかわりに、中国は日米安保を認める。

この取り引きで日中国交正常化をやろう」と言った。それが、中国側の基本姿勢だった。

その意味は、日米安保を残すことによって、わがままで、間違ったことをしがちな、信頼できない日本を、アメリカの力できちんと押さえておけば、それが中国の利益になる、という判断があったことである。添谷先生の論文を読むと、これほど生々しく書いてはいないが、それがわかるように書いてある。だから、日本が〝瓢箪から駒〟で「ワイワイ」調子にのって浮かれたように日中国交正常化をやっている頃、アメリカと中国は、日本をきちんと見抜いて、日本をアジアでどういうふうに落ち着かせていくか考えていた、と言えるのではないだろうか。

体制の違いを超えて

共同声明の前文の一番最後のパラグラフにはこう書かれている。

日中両国間には社会制度の相違があるにもかかわらず、両国は、平和友好関係を樹立すべきであり、また、樹立することが可能である。

このくだりは、字面だけみると、何でもないように思うのだが、大変重要なことが書かれている。

つまり、両国には社会制度の違いがある。片方は自由主義か民主主義か知らないが、奇妙な民主主義、自由主義社会の日本。もう片方は共産主義とは言うが、いまや奇妙な共産主義の中国。とにかくこのように両国の制度は違う。その制度が違っても平和友好関係を樹立しなければいけないし、また樹立することが可能だと共同声明の前文でうたっている。

この思想というか、姿勢というのはものすごく大事なことで、私は機会あるごとに申し上げるのだが、「そうだね」と言う人はほとんどいない。みなさん知らん顔をしている。おそらく心の中では、日本と中国は制度が違う、向こうは共産主義でこっちは民主主義だからうまくいくはずはない、と勝手に決めてしまう人が多いため、現在、対中不信が強まってきているように思う。

せっかく共同声明でこうしたことを厳かにうたったのであれば、日本人であるならせめて声明文ぐらい読んでもらいたいのだが、だれも読もうとしない。また、読んでもわからないのではと思うのが、この体制の相違である。体制の違いがあっても、平和友好関係を持つことはできるし、そうしなければいけないという決意を持って日中の扉を開いたはずなのに、逆に体制の違いをことさら取り上げて、価値観の違いだとするのは間違っていると思う。

東京裁判の受諾

それから、東京裁判を認めるか認めないかという問題がある。戦争が終わって五〇年も経ってから、東京裁判なんか認めない、あの裁判は勝った者が負けた者を裁いたものだ。平和に対する罪だとか、人道に対する罪は第二次世界大戦の頃にはまだなかった、後で勝手にそういう罪を作ってそれで裁くというのはおかしい、罪刑法定主義に反する、といった議論がある。

反論するのは自由である。しかし、東京裁判は何だったのか、反論する人たちも認めるように日本は戦争に負けたから東京裁判を受けた。そうした裁判を受けるのがいやなら戦争に負けなければよかった。戦争に負けることを決めたのは、いったいだれか。食べるものもなくなって、みんながへとへとになって、もう何とかしてくれと言う時に、負けたと言って手を上げてポツダム宣言を受諾した。その延長線上で軍事裁判が行われ、罪を負わされた。そして、そのことによってサンフランシスコ条約を締結し、日本は国際社会に復帰した。歴史というか、経過というものを考えてみれば、現在になって勝手なことは言えないと、普通の人間ならわかってよいはずだ。

日本にはこの普通の人間がいないらしくて、なかなかそれがわからない。あんなものはけしからん、そのあげくの果てには、そもそもあの戦争は正義の戦いだ、アジア解放のための戦いだった。日本はＡＢＣＤラインで締め上げられ、経済制裁を受けてひどい目にあい、それこそ〝窮鼠猫をかむ〟想いで戦争をやった。何もこっちから仕掛けたわけではないのだと言い張って、あの戦争を正当化するために自己弁護し、サンフランシスコ条約で国際裁判を受諾しておきながらそれを認めないと言い出す始末である。

それならサンフランシスコ条約も認めなければいい。もとの戦争状態に戻ればよいことになってしまう。そんな勇気もなく、もう無茶苦茶を言っているという感じがする。だいぶ言葉が激しくなってしまったが……。

逆行する思考

それから台湾。これはみなさんご存知のとおり、台湾および澎湖諸島は中華人民共和国の不可分の領土の一部であるとの立場を中国側が表明して、日本政府はその中国政府の立場を「十分理解し尊重する」、と共同声明に書いてある。

ところが十分理解もしなければ尊重もしない人が、現在いっぱい出てきている。「台湾はかわいそうだ」と言って台湾に対するセンチメンタルな奇妙な思い入れの思考が、どんどん逆行している。しかし、共同声明をしっかり読んで、これを鑑として現在の日本をみれば、いかにそれが間違っているかがわかる。

歴史認識と台湾問題

日中の国交を正常化したにもかかわらず、現在残っている問題は、戦争に対する認識、つまり戦争責任があいまいになっていることと、台湾の所属についてもあいまいなままにしていることである。中国が「歴史認識と台湾、この二つの大きな問題が現在も残っているよ」と、いつも指摘するが、これは正常化の時の共同声明を読み返し、当時の経緯をちょっとひもとけば、なんでもないことで、少しもむずかしいことではない。きわめて明白で一点のこだわりも差しはさむ余地がないくらいにはっきりしている。それが、いまだに問題となっている。おかしいことを言い出すときりがないが、これはやはりおかしいと思う。

共同声明に立ち返る

次に、日中国交正常化は全体としてよかったのか間違ったのか、評価にかかわることである。私がいままでお話ししたことから、読者のみなさんは、正常化それ自体はよかったはずなのに、その後の日中関係はどうもよくない方向に向かっている、だから「間違っていたのかな」と感じられるかも知れない。たとえば、正常化したのだから日本と中華人民共和国はアジアで共存するわけだが、その共存する二つの国の関係を現在の日本人は、友好関係にしたいのか、協力関係にしたいのか、競争関係にしたいのか、対立にしたいのか、戦争にしたいのか、私の見るところ座標軸が友好から戦争へと移ってきているような気がする。

「日中友好、日中友好」と猫も杓子も言っている時代があった。そのうちに、友好はおかしいぞ、協力だ、やはり協力していかなければとなって日中協力。それをやっていくと、今度は中国がだんだん強くなってきて、今度は競争だ。競争の中から実のある結果が出てくる、と言っているかと思ったら、とてもこれはかなわないかもしれないから、今度はあいつをやっつけるのだと言って対立。そのうちに中国は軍事大国になってきた、わが方も軍事大国にならなければいけない、防衛庁では足りないから防衛省にしようとなった。なんとなく心の動きが友好―協力―競争―対立―戦争という流れに向かっている。これはものすごく危険なことで、これでは日中国交正常化は間違っていた、となりかねない。だから、現在のこの時点で日中共同声明に立ち返り、そしてそのよって来たる所以を学び、両国の発展にとって間違ったところを正していく、これが、歴史を鑑として未来を考えることだと思う。

漫画と実画の結末

共同声明が出た後、いろんな実務協定を結んだが、その中で問題になったことに、日中航空協定交渉があった。それまで日本の国際線の飛行機は、南回りは、みんな台湾を経由して東南アジアと、北回りはシベリア経由でヨーロッパと結ばれていた。しかし、中国と航空協定を結んで北京にも乗り入れようと、航空協定締結交渉をした。

この時、私は事務当局の予備交渉の団長として中国へ行って、非常におもしろい経験をたくさんしたが、こういうことがあった。

中国側はもう亡くなったが廖承志さん（早稲田大学で勉強したという人で、当時、中日友好協会の会長だったと思う）が、日本の羽田にＪＡＬと当時の北京の飛行機である中国民航の飛行機が並んで駐機しているところに、台湾の中華航空の飛行機が飛んで来るのは考えられない、もしそういうことが起きれば、「それは漫画だよ」と言っている、との記事が多くの新聞に載った。

だからこの際、台湾路線はもうだめだ、台湾の中華航空の日本への乗り入れもだめだし、日本も台湾に飛行機が行かないようにしよう、ということになる。しかし、日本の航空会社にとって台湾路線は収益を上げているので、切れない。そして、台湾路線を維持しながら北京の方も飛びたい、と要望している。そうなると廖承志さんが言うように漫画になってしまう。「さあどうする、政府はどうするのだ」という攻め方をしたのが当時のほとんどの新聞だった。

その時、現実に何が起きていたかと言うと、香港空港では北京の飛行機も中華航空も一緒に駐機している。漫画ではない、実画だった。このように香港ではちっとも文句をつけないで、羽田で機体が並ぶと「漫画だ、漫画だ」と言う。これは許せないと勝手に思い込んだのが日本のマスコミである。

結局どうなったか、台湾の飛行機は羽田に、北京の飛行機は成田に乗り入れる、と使い分けた。そうすると機体が並ばないから漫画にならない。しかし、何が漫画になったか、羽田を使った飛行機の方がずっと便利で評判がよく、中華航空はひどく得をした。東南アジアへ行くのなら羽田から中華航空で行った方が早く、なにも二時間も三時間もかけて、わざわざ成田まで行かなくてもよいので、表玄関だといって成田に乗り入れた北京の方は、勝手口かもしれないが便利な羽田に乗り入れた中華航空に負けた。

このように日台路線をめぐる動きから、多くの人が、とくにマスコミの人がそうだが、台湾をいじめようとする。それが日本国内の対立を煽った。しかし、青嵐会を始めとして、正常化交渉の時に「ワイワイ」言った日本の保守党の中の台湾擁護派の人たちが「台湾、台湾」と言うのは、上手に台湾を守っていくのではなく、北京との対立軸として利用する、つまり反共路線である。戦争が終わる前の思想、つまり反共か容共かというイデオロギー的なものだった。

雑音には耳を貸さない

日本の外務省は昔から《外交一元化》で、外務省の仕事は外務省できちんとまとめてやっている。外務省以外のルートでいろんな意見が出たり、提言があったり、ニュースが入ったりするが、それらはすべて参考意見でしかなくて、それに信憑性を持たせることを極力避ける習性がある。その習性は現在でも同じだと思う。たとえば、きちんと事務的にやろうと思っているのに、外野で「ワイワイ」言うから、主張したいと思っていることもできなくなることがずいぶんあった。とくに日中国交正常化の時はそうだった。また、日韓関係正常化の時もそうだった。

たとえば、日中国交正常化についての提言はいっぱいあった。自民党のも野党のもあるし、学界のもあったが、交渉となると、外交ルートを尊重しないと交渉が乱れる。どんな意見でも外交ルートで言ってもらわなければだめだと、職人気質の私どもは考えていた。

交渉のテーブルでいわゆるバロンデッセーと言って、観測気球みたいに打ち上げ、反応を見てみようと、わざとそういう情報を流すことはある。しかし、廖承志さんが羽田空港に中国の飛行機と台湾の飛行機が並んだら漫画だよと言ったのは、みんな雑音である。

また、日韓関係正常化の時に、韓国との間での漁業協定で大変もめたが、その時も雑音が多かった。いちばん大きな雑音を出したのは大野伴睦だった。その手下なのかどうか知らないが、後に首相になられた宇野宗佑さんたちが、余計なことをなんだかんだと言って新聞に書かれ、事務当局がきちんと交渉しているのを乱す。したがって、外務省の体質として、雑音は雑音でしかないと、それに耳を傾けることはなかった。

靖国問題と賠償

これほどばかげた問題はない。どうしてこんなくだらないことで日本人も中国人も、もちろん韓国人も、この頃はアメリカ人までもが頭を使って、いろいろ話し合い、論じ合わなければならないのだろうか。

小泉純一郎元首相は、靖国神社にA級戦犯が祀られていることに対し、「罪を憎んで人を憎まず」と発言したが、このとらえ方が彼の歴史認識の不十分さを示している。中国など東アジアの国々が問題にしている日本の歴史認識は、まさにその点にある。サンフランシスコ条約でA級戦犯を重大な戦争犯罪人だと認めることによって、日本は国際社会に復帰した。

祈る対象にA級戦犯も入ったまま参拝するわけだから、戦争を深く反省していることにはならない。中国は日本と友好関係を結ぶにあたって対日賠償を放棄したが、その時、「中国人民を苦しめたのは一握りの日本軍国主義者であった。大多数の日本人民も一握りの軍国主義者の犠牲者だから、その日本人民から賠償金を取り立てるわけにはいかない」と、周恩来が中国人民を説得した。

中国が一円でも賠償をとると要求していたら正常化はできなかっただろう。賠償をとらないことが交渉の大きな前提だった。しかし、それこそ間違いだったという意見もあった。岡崎嘉平太さんなどは、陪償を払うべきだったと言ったが、あの時点で賠債を払って正常化ができたか、政治的には無理だったと私は思う。しかし、いまから考えると、あの時きちんと賠償を払っておけば、現在のようにごたごたしないですんだとも言える。そして、中国はA級戦犯に全部罪を負わせて、日本人から賠償をとるのは忍びないと言って賠償を放棄したのだ、と中国側の論理まで日本国民に説明する必要もなくなるだろう。

日本であの戦争を肯定するような政治がまかり通るなら、アジア外交は本当にだめになる。

反共の砦としての日本

最後に、私は訴えたいことがあってお話しするのだが、日本は戦争に負けた時に負け方を間違ったのではないか、というのが以前からの私の考えである。日本はもっと負けなければいけなかったのに、負け方が足りなかった、いいかげんなところでアメリカに上手に救ってもらった、だからこれでよいのだと思い込んでいるとしたら大間違いだと思う。

たまたま東西冷戦が始まって、ソ連からモンゴル、中国大陸、北朝鮮を経てどんどん南下してくる共産主義勢力に対して、それを押さえるために、アメリカが日本、韓国、台湾、香港、フィリピン、シンガポール、南ヴィェトナム、という反共戦線を形成する。そして、日本をアジアにおける反共の砦にするという大きな外交戦略に利用するため、敗戦国日本に大きな賠償金を課して、グゥーの音も出ないくらいに徹底的にやっつけてしまうことは、好ましくない、とアメリカが思い改めた時期があったように思う。

そこでアメリカの日本に対する占領政策が変わった。日本はそれをよいことにして、ガリオア（占領地救済資金）、エロア（占領地経済復興援助金）といった資金や、アメリカの余剰農産物や技術移転の恩典に浴して、経済を復興させ、いい気になって「日本は経済大国だ」と、先進七カ国首脳会談などに参加するになった。そして一人だけ顔色が違って、寸法がおかしいにもかかわらず、前の方に出て写真をとり先進国ヅラをするようになってしまった。

国体護持による終戦

これは相当重要なことで、学徒兵だった私は復員して、先ほど申し上げたように虚脱状態に陥った。しかし、その頃いろんなことを聞いた中で、日本がポツダム宣言を受諾するにあたって条件をつけた。その条件とは「国体護持」のみで、それが受け入れられるならポツダム宣言を受諾してもよいではないか、ということに最後はなったと聞いた。

天皇制はそのままでよいと言われ、「ああよかった、これで国体は護られた」、と支配層は安堵したという。国体護持とは、国の体、国の姿を護ることで、当時は天皇制護持と同じである。また、天皇制というひとつの日本の国のあり方である。これが崩されるのならポツダム宣言を受諾できないということの基本に何があるかと言えば、戦争中の天皇帰一、すべては天皇に帰することにつながる。皇統連綿としてつづいた日本の天皇制、これが日本の国を支えている、これがだめになるなら日本はもう滅亡するから天皇制は護らなければならない、それさえ護られるならあとの賠償でもなんでもやむをえない、と支配層は考えた。

この天皇制を護ろうとした国体護持による敗戦が間違いであったのではないか、と私は思う。何が間違いかと言えば、天皇制を護持したために、戦争責任があいまいになった、と私は思う。

戦争責任のあいまいさ

《天皇の人間宣言》といわれる詔書がある。一九四六（昭和二一）年の一月一日、前年の八月一五日に戦争が終わった翌年の元旦に、御名御璽で「新日本建設に関する詔書」が出ている。これが天皇の人間宣言といわれるもので、天皇はいままでのように神様ではない、今度は人間だ、とある。いままで上御一人といって崇め奉った天皇陛下もわれわれ庶民と同じだというが、この詔書に書かれている思想は戦前、戦中の日本とほとんど変わらない。

顧ミレバ明治天皇明治ノ初国是トシテ五箇條ノ御誓文ヲ下シ給ヘリ。曰ク、
一、広ク会議ヲ興シ万機公論ニ決スヘシ。

ここを読むと私は思い出すが、戦争が終わって復員して京都大学に戻り、憲法の講義を受けた。その時の憲法の先生が佐々木惣一さん、ご存知の方もいると思うが、有名な憲法学者である。小さなからだだったが、思想のすごく豊かな人だった。佐々木先生は当時の大日本帝国憲法・旧憲法の講義をしておられた。

その頃、帝国議会で新憲法が議論されており、新憲法には三つの柱がある、一つは民主主義、一つは人権尊重、一つは戦争放棄、この三本の柱が新しい憲法の基本である。これを覚えていないと公務員試験に受からないので一生懸命覚えた。

佐々木先生は当時、民主主義ついて、「みんな偉そうなことを言っているが、五箇條の御誓文の最初に何と書いてあるか、『広ク会議ヲ興シ万機公論ニ決スヘシ』とある。これこそ民主主義そのものではないか。だから大日本帝国憲法は間違ってなんかいない。間違ったのはこれを適用した者だ。いい憲法なのにその憲法を間違って適用した当時の軍部とか、天皇の取り巻きとかそういうのがよくない」と言われ、枢密院で新憲法に対してただ一人反対票を投じられた。

佐々木先生は、枢密院で行った反対演説の原稿を大学へ持ってきて、大講堂で学生に聞いてもらいたいと朗々と読まれ、大日本帝国憲法が間違っていたのではない、と言われた。ちょっと思い出した話であるが……。

こうして五箇條の御誓文を読んでいくと、詔書ではすぐあとに「叡旨公明正大、又何ヲカ加ヘン」と書いてある。この五箇條の御誓文ほど立派なものはない、と言う。

朕ハ茲ニ誓ヲ新ニシテ国運ヲ開カント欲ス。須ラク此ノ御趣旨ニ則リ、旧来ノ陋習ヲ去リ、民意ヲ暢達シ、官民挙ゲテ平和主義ニ徹シ、教養豊カニ文化ヲ築キ、以テ民生ノ向上ヲ図リ、新日本ヲ建設スベシ。

よいことが書いてあるじゃないかと思われるだろうが、これを読んで私は、昔だったら不敬罪になってしまうが、「よく言うぜ」という想いがする。あれだけの戦争をして、国民を塗炭の苦しみに陥れたその天皇が、敗戦の翌年の正月に「朕ハ茲ニ誓ヲ新ニシテ国運ヲ開カント欲ス」と言う。そんな気持ちがあるのだったらなぜ戦争を避けるための努力をなさらなかったのか、あるいは間違って戦争が始まっても止めるための努力をなさらなかったのか、さらに、戦争を止めるにあたって、もっと国民のために努力をなさらなかったのか。私のようにペンを捨て銃を持って戦争に行かされた一人の国民としては、そういう気持ちが非常に強かった。

さらに読み進むと、

然レドモ朕ハ爾等国民ト共ニ在リ、常ニ利害ヲ同ジウシ休戚ヲ分タント欲ス。朕ト爾等国民トノ間ノ紐帯ハ、終始相互ノ信頼ト敬愛トニ依リテ結バレ、単ナル神話ト伝説トニ依リテ生ゼルモノニ非ズ。

たんなる神話と伝説で出たものではない、ここが人間宣言だと言う。

天皇ヲ以テ現御神トシ、且日本国民ヲ以テ他ノ民族ニ優越セル民族ニシテ、延テ世界ヲ支配スベキ運命ヲ有ストノ架空ナル観念ニ基クモノニ非ズ。

そんなことをいまごろ言っていただいても、なんの足しにもならないと思った。要するに普遍的なことを言えば、ここには戦争責任に対する明確な認識がないということである。戦争責任に対する認識がないままに、また新しい日本はこういうふうにして文化国家としてみんなと仲良くやりましょうね、そんなことを言われたって「なんだ」という気がする。

そのあとつづいて、

一年ノ計ハ年頭ニ在リ、倫ハ朕ノ信頼スル国民ガ朕ト其ノ心ヲ一ニシテ、自ラ奮ヒ、自ラ励マシ、以テ此ノ大業ヲ成就センコトヲ庶幾フ。

「まあまあありがたいことです」、と私なんかは受け止める。不敬罪かもしれない。しかし、正直申し上げれば、日本が敗戦を受け入れて「新しい日本、新しい日本」と言って戦争責任を不明確にしたまま戦後の歩みを始めたことが、現在の日中関係に横たわっている多くの問題の根っこにある、と私は言いたい。

部分講和と日米安保

日米安保というのは、日米安保によって日本がまたいたずらをするのを防いでいるから〝ビンの蓋〟と言われることがある。東大の南原繁総長などが、サンフランシスコ条約締結をめぐる議論の中で全面講和を主張し、吉田茂首相から学を曲げて世におもねる〝曲学阿世〟と非難された。吉田さんは偉そうなことを言った。しかしどっちが学を曲げて世におもねったのか、現在になるとわかってきたのではないか。あの時は権力者の勢いで、南原総長などが掲げた理想主義の全面講和を否定して、アメリカを中心とする部分講和で手を打った。人のことを曲学阿世だ、と言って押さえつけて、現在のような日本を作ったその政治スタイルと、最近の日本の政治スタイルが似たようなところがあるとすれば、これまた非常に問題ではないかと思う。

2

日華断交

興味ある外交案件

《日中国交正常化》と《日中平和友好条約締結》の間に挟まって、《日華断交》*というものが歴史的事実としてあった、と言わなければならないくらい忘れられがちで、おろそかになっている。また、一般の関心の度合いも非常に低い。しかしこれは、私にとって大変おもしろい興味ある外交案件だった。

台湾との関係について、非常に詳しく研究されて発表されたものがある。名古屋の中京大学社会科学研究所に檜山幸夫という外交史の先生がいて、その檜山先生が台湾との関係を丹念に調べておられる。そして、日華断交に関して、当時の椎名悦三郎自民党副総裁が政府特使として台湾に行かれた時、外務省から私がついて行ったこともあって、講演の

*日華断交　「断交」とは、〝国交の断絶〟か〝外交関係の断絶〟を指すが、「国交」といい「外交関係」といい、いずれも対象は「国」である。国と国の交わりが国交であり。国と国との関係の基本が外交関係。そうなると「中華民国」という国と「日本」という国の交わりが国交であり、それを断つのは「日華断交」。他方、台湾は国ではなくて地域である。したがって日本と台湾の交わりは国交ではないし、日本と台湾との間に外交関係はありえないから正しくは「日台断交」とは言えない。

依頼があった。私も残りはそうそう長くはないので、最後に言いたいことは言っておこうと、「日中正常化と台湾」をテーマに二時間ぐらいお話しした。それにもとづいていろんな資料が集められて編まれているのが、中京大学社会科学研究所から出ている紀要『社会科学研究』第二四巻第一号（二〇〇三年）である。

その中に、資料として私の講演と、椎名特使と台湾（「中華民国」）の蔣経国・行政院長との会談の要旨を記録したいわゆる「中江メモ　日台（華）国交断絶の記録」を数十ページ割いて入れていただいた。

私の講演は、記憶の薄れないうちにと思って話をさせてもらったので、当時としては思いのたけを、差しつかえのない範囲で話している。そして、その冒頭で私は次のように言っている。

いろんなことがあった人生で、これだけはきちんと残しておきたいと思うことがあるのだろうかと省みて、やはり外務省で現役で仕事をした中にはつまらん仕事もたくさんありましたが、台湾（「中華民国」）との関係を日中正常化のときにどう処理するかという、この仕事は不思議なことに、外務省の中で私だけがやったというとちょっとあれであるけれども、他に誰も担当しなかったわけである。つまり中共、中共と草木がなびいた頃で、台湾なんて鼻にも引っ掛けないという、そんな雰囲気だった。（八一頁）

ということで、私は台湾の方を担当した。ほかに担当する者もいなかったので、日華断交をテーマとして話をする者は世の中にあまりいない。したがって一生懸命語り継がなければと思って話した。

第一章の日中国交正常化のところで申し上げたように、日中国交正常化は当時は表で、光が差している方である。ところが日華断交はそれの裏返しで、光の差さない影の部分であるし、表でなくて裏である。つまり日の差さない裏で行われたもうひとつの外交が日華断交である。表の日中国交正常化の方は派手だから、黙っていてもマスコミはそれをフォローして、おもしろおかしく報道した。しかし、日華断交の方は裏であるし、影だから、ほとんど報道されなかった。

たとえば、椎名特使が台湾に行かれたが、それがどれぐらいテレビで報道されたのか、私は現地・台湾にいたから知らないが、おそらく北京の方で茅台酒で乾杯している田中角栄首相の映像とは比較にならないくらい小さな扱いだっただろう。

問題の所在

では、日華断交ではいったい何が問題だったのだろうか。日中国交正常化は、日本が中華人民共和国との関係を正常化するそれだけのことで、何もむずかしいことはない。しかし、その裏の影の部分で何が問題だったか、そこでは、相手の中国というのが《一つの中国》なのか、《二つの中国》なのか、あるいは《一つの中国一つの台湾》なのか、それとも《三つの中国》なのか、ということが議論されていた。

おかしな話だと思うが、日本が戦争をした中国は一つだったわけだし、降伏したあと平和条約を結ぶ相手も、戦争をした中国と平和条約を結べばそれでよいわけである。そんなにいくつも中国があるのはおかしいじゃないかと言うが、そのおかしさの底にあるのが日華断交の〝華〟、すなわち、中華民国、俗称で言えば台湾である。

つまり台湾の存在が日中国交正常化の表の外交に対して影の部分としてさまざまにかかわって、ある意味では障害になったりする。したがって当時の外交案件としては、かなり大変な外交案件だった。

北京の方は、田中首相が「よっしゃ、わかった」と言って、大平正芳外相、二階堂進官房長官を連れて訪中し、毛沢東や周恩来首相と会談して正常化の共同声明を出し、茅台酒で乾杯し、「めでたい、めでたい」と言っていればそれですんだ。それは田中角栄でなくとも、だれでも中国へ行けばできたことだと思う。

ところがそれにからんで、正常化した中国は一つだけなかのか、もう一つ台湾という中国があるではないか、と《一つの中国一つの台湾》の考え方をとるのか。それとも台湾にあるのもやはり中華民国と称する中国である、だから中華人民共和国と中華民国という二つの国があるから《二つの中国》ではないか、という考えもある。そうした論議をしていると、ある学者などは、それに香港があるから、これを加えて中国と台湾と香港と《三つの中国》だなどと妙なことを言って引っかきまわしたのである。

カイロ宣言、ポツダム宣言における日本の責任

引っかきまわさなければならないような、やっかいな存在になった「台湾」とはいった

いどういう存在なのだろうか。台湾とは何かについて少し振り返ってみると、日清戦争（一八九四年―九五年）の後、一八九五年の下関条約で日本が台湾を当時の表現で言えば分捕った。戦争に勝つと、勝った方が負けた方の領土を取ったり、権益を手に入れたりするが、日本はそのひとつとして、清国から台湾を手に入れた。日本が手に入れた台湾がどのように扱われたか、当時、《外地》と呼ばれていた。外地などという観念はいまの若い人にはほとんど親しみがないだろうが、当時は内地と外地という区別があった。内地はいわゆる内地、すなわち日本本土、外地は朝鮮と台湾である。

この外地としての台湾を日本がどう治めたかはよく議論になって、朝鮮半島に比べれば台湾の統治はうまくいった、と評価されがちだが、外地扱いだったことに変わりはない。そして、そのまま太平洋戦争に入って日本が戦争で負ける一九四五年八月一四日にポツダム宣言を受諾するが、そのポツダム宣言の淵源は、カイロ宣言である。カイロ宣言はご存知のように一九四三年一一月二七日にカイロで出された。

私もエジプト大使の時に、着任して最初に訪れたいと思ったのは、カイロ宣言が出されたピラミッドの横にある有名なホテルだった。ちょうどベルサイユ条約が結ばれた部屋がベルサイユ宮殿の中にいまでも残っているように、カイロ宣言が出された会議場も残っていて、それを見て感慨無量だった。このカイロ宣言は、日本に対して無条件降伏を要求し、降伏後の日本の領土決定などの重要事項を含むもので、日本国に関するアメリカ・イギリス・中華民国の三国宣言というのでルーズベルト米大統領、チャーチル英首相、蔣介石中国主席が署名した。

同盟国ノ目的ハ日本国ヨリ一九一四年ノ第一次世界戦争ノ開始以後ニ於イテ日本国ガ奪取シ又ハ占領シタル太平洋ニ於ケル一切ノ島嶼ヲ剥奪スルコト並ビニ満州、台湾及澎湖島ノ如キ日本国ガ中国人ヨリ盗取シタル一切ノ地域ヲ中華民国ニ返還スルコトニ在リ

これが同盟国の目的だと書いてある。くだいて言うなら、台湾とか満州とか澎湖島などは、日清戦争の後、下関条約で日本人が中国人から分捕った、盗み取ったもので、国際法的には合法的だが、連合国側からみると、それは返しなさい、どこに返すかと言えば、「中華民国ニ返還スルコト」と書いてある。

これが問題のそもそもの始まりである。しかし、問題の始まりとは言うが、当時は中

華民国しかなかったから、中華民国に返すことは当然のことである。
これを受けて日本に受諾しろと迫ったポツダム宣言、これもアメリカ・イギリス・中華民国の三国宣言だが、一九四五年の七月二六日にポツダムで署名された。この中に有名な項目（第八項）がある。

第八項には、

「カイロ」宣言ノ条項ハ履行セラルベク

と書いてある。つまりポツダム宣言第八項というのは、カイロ宣言は履行しなければならないと書いてあるだけなのである。

そうするとポツダム宣言第八項の言わんとしていることは、台湾とか澎湖諸島のように日本が中国人から盗んだ領域は中華民国に返せというカイロ宣言は履行されなければいけないということである。そして、それを受諾して日本は降伏した。したがって、日本が降伏して受け入れた内容は、「台湾は中華民国に返すと規定したカイロ宣言は履行されなければいけない、と書かれたポツダム宣言」を受諾した。すなわち、結果として、日本としては何に注目すべきかと言えば、台湾、澎湖諸島は中華民国に返すべしという連合国の政策宣言が履行されるかどうかを見守ればよいわけで、履行しなければならない責任は日本にはない。

日本の義務

では、日本の義務は何か、サンフランシスコ条約にあるように台湾、澎湖諸島に対するすべての権利、権原、請求権を放棄する、つまり手放すことである。手放した後の台湾、澎湖諸島を中華民国に返すのは、連合国側の政策宣言であるカイロ宣言が履行されればよいわけである。

それにもかかわらず連合国側は、それを履行しなかった。いまだに履行していない。これが問題である。

したがって、台湾がいろいろ問題になって頭を悩まさなければならないことについて、日本には責任がない。連合国側が悪い。連合国側が自分で台湾、澎湖諸島は中華民国に返すべしと言っておきながら返していない。したがって、アメリカ、イギリス、中華民国―

この中華民国は中華民国自身がその後変質したからどうしようもないが——、少なくともアメリカ、イギリスはカイロ宣言で宣言したことをきちんと履行し、戦後の早い時期に中華民国に返すことをすませていれば後は何の問題もなかった。

返してもらう中華民国がその後、革命によって中華人民共和国になったことは、中国の問題で国際的には何の問題もない。したがって、自然のままに流れればよかったものを、カイロ宣言で偉そうなことを言っておきながら、また、ポツダム宣言でそれを確認しておきながら、アメリカもイギリスも台湾を中華民国に返すということをサボった。そして、いまだにサボっている。だから台湾の所属がはっきりしないのである。

台湾の悲劇の始まり

こうしてまごまごしているうちに、中華人民共和国が、人民解放軍・八路軍による長征と称した民族解放闘争に勝利して、革命に成功する。そして今度は、革命に成功した中国側に問題が生じた。あの大きな中国大陸で人民を全部解放した実力があるのなら、離れ小島である台湾、澎湖諸島をついでに解放して、革命を完成させていれば、いまだに中国が一つか二つかそんなことを言わなくてすんだ。

ところが中華人民共和国は、というか人民解放軍は、台湾を革命の対象にしないまま一九四九年一〇月一日に「中華人民共和国の建国をここに宣言する」と毛沢東が天安門の上で叫んで独立宣言をした。そして中国の国中が独立の成功、革命の成功を祝った。その時、その先にはまだ台湾があるではないかと、どうしてだれも言わなかったのか、私にはわからないが、要するに台湾をほったらかしにすることになる。

したがって、まずアメリカ、イギリスが、革命が起きる前に台湾が中華民国のものだということをはっきりさせておけば、さらに解放闘争が人民の支持を得て、中華人民共和国政府を作るまでになったのだから、海を越えて台湾もついでに解放しておけば、一つの中国でまっとうできた。こうして革命の時に、一つの中国がはっきりしないまま、台湾がほったらかされたところから台湾の悲劇が始まった。

日本について言えば、サンフランシスコ条約ですべての権利、権原、請求権を放棄すると言ったのだから、別れた女房にいつまでも未練を持っているような愚かなことはしないで、きっぱりと別れればよいものを、いまだに「台湾、台湾」と言っている人がいる。いわんや現職の外相まで「台湾という〝国〟」、と言っているありさまである。そして、それを国民があまり不思議に思わないというところに、戦後処理に関する認識のいいかげんさが残っていると思う。

戦後外交の歪みの始まり

人民解放闘争が未完成の状況で蔣介石の国民党は台湾に亡命するが、蔣介石・国民党一派は自ら「亡命」とは言わない。国民党の中華民国は台湾を自分の国の領土だと思っているから、自分の国の一部にただひっそりと身を寄せたという論理である。そして、蔣介石・国民党一派が台湾に逃れ、中国大陸にめでたく中華人民共和国が誕生した後の、一九五一年にサンフランシスコ条約が結ばれ、日華平和条約(「日本国と中華民国との間の平和条約」)も結ばれた。

その時点で、中華人民共和国は誕生していたから、中華人民共和国と平和条約を結べばよかったのに、どうして中華民国と平和条約を結ぶことになったのか。当時の日本は、もうすでにアメリカのアジア戦略というか世界戦略にどっぷり組み込まれ、椎名悦三郎氏の言葉をかりれば、アメリカは日本の〝番犬〟だった。表現はともかく、アメリカの陣営の忠実なひとつの同盟国になってしまったからである。

その結果、日本は中国との平和条約を中華人民共和国と結ぶのか、中華民国と結ぶのかという選択を迫られた時に、中華民国を選ばざるをえない立場に追い込まれてしまった。ここから戦後の日本外交が歪み始めた。つまり、逆に言えば、サンフランシスコ条約と同時に日米安全保障条約を結ばされた頃から現在の日本の外交の歪みというものが始まっている。

中国の国連代表権問題

それはともかく、戦後の国際社会の歩みの中で、台湾の問題は国際的にどういう形で揉めつづけたかと言えば、それは国連代表権問題に表れた。国連の中には中華民国というのが厳存している。国連憲章をご覧になるとわかるが、安全保障理事会の冒頭のところに、威張っている常任理事国五カ国の正確な国名が出ている。それによると、ソビエト社会主義共和国連邦、中華民国、アメリカ合衆国、グレート・ブリテンおよび北部アイルランド連合国、フランスとある。ロシアとか中華人民共和国などという国名は国連憲章には書かれていない。

日華断交と離れるが、ソビエト社会主義共和国連邦が崩壊した時、ロシアのエリツィン大統領が「ロシアが引きつづき安全保障理事会の常任理事国のひとつだ」、と言って国連に出席した。私はその時、それはおかしいと思った。ソ連は崩壊した。昔は、ソ連はロシア連邦、ウクライナなどで構成されていたが、いまは、カザフスタン、ウズベキスタン、タジキスタンなどむずかしい名前に分裂してしまい、ロシアはその中のひとつにすぎない。それがなぜ大きな顔をして安全保障理事会の常任理事国の地位を踏襲するのか、これは国際法的には非常に問題である。

ソ連が崩壊した直後に、安全保障理事会の常任理事国会議というのをイギリスが提唱する。そして、だれを呼ぶか検討を始める。アメリカ、フランス、イギリスは当然として、中国は代表権問題でひっくり返っているから中華人民共和国でよい。では、ロシアはどうするか、ロシアのだれに招請状を出すかということは、国際政治的に、あるいは国際法的に大きな問題だった。そこで、問題が複雑化しないうちに、早いところエリツィンのロシアを認めてしまえと、エリツィンに招請状を出してしまったのが、当番国のイギリスだった。

それに対して、だれも異議を唱えなかった。だからエリツィンは嬉々として、安全保障理事会の常任理事国の代表として、ニューヨークに向かった。そして、ソ連崩壊後、つまり、冷戦終結後の安全保障理事会の常任理事国の「ソビエト社会主義共和国連邦」と書いてあるところが、「ロシア」になる。これに対してだれも文句を言わなかったのは、みんなマヒしていたのか、それともエリツィンの強面に、あいつだろうと思ったのかわからないが、国連には、「強いものが正義」という考え方があちこちに残っている、ということに関して、私はいつもこのことを思う。

そういう理不尽なことが多い中にあっても、国連では、中華民国と書いてあるところの代表は、台湾にある中華民国政府でなく、革命で北京に新しくできた中華人民共和国政府ではないかという、代表権の問題として、一九六一年の第一六総会から取り上げられることになった。そして、それから十年たった一九七一年の第二六総会になってやっと国連における中国代表権問題は決着する。

決着をみるまでの経緯というのは、おもしろい話で、詳しいことは割愛するが、要するに票集めである。つまり、中国の代表権をどちらに認めるかという決議案を提出することになる。

この決議案を最初に提出した国のひとつがアルバニアである。アルバニアについては、日本ではあまり関心はないだろうが、私はユーゴスラビア大使をしている時に、日本とアルバニアとの国交回復の交渉をやった。それでアルバニアには関心を持っているのだが、当時のアルバニアは、ヨーロッパにおいて最も純粋にマルクス・レーニン主義を守っている共産主義国だった。

このアルバニアが中国のために、中国の代表権は北京に与えるべきであるという《アルバニア型決議案》を、一〇年間にわたり毎年提出して票決では敗れていた。そのうち、中華人民共和国を承認する国が次第に増えて、国連でも、もう台湾にいる蔣介石政権ではなく、中華人民共和国政府を中国の代表として認めたらいいじゃないかということになってくる。

その中で一番増えたのがアフリカである。アフリカや中南米といういわゆる開発途上国の人たちは、同じ開発途上国である中国に非常に親近感を持った。中華人民共和国はよくがんばっているじゃないか、ああいう新しい国を認めようではないか、と国連では、中華人民共和国は変な人気があった。

そして、代表権の交替決議案にはどれぐらいの賛成票が必要かということが議論になる。それまで台湾支持派は、過半数でよいと言っていたのを、過半数では台湾の代表権を守るのは危なくなったので、それを防ぐため、アメリカや日本が中心となって、代表権の交替には三分の二が必要だということにした。しかし、その三分の二も危なくなってしまう。そして、一九七〇年頃になると、来年あたりは、台湾が代表権を持ちつづけるのはもう無理だろう、時間の問題だとなり、七一年の国連総会の時には、いよいよ中国の代表権は北京に行くぞ、台湾支持派は腹をくくった方がいいぞという雰囲気になってきた。

その時、アメリカは最後まで台湾を守る、国連代表権が中華人民共和国に交替することには反対という立場である。日本もアメリカの子分だからもちろんそれに反対し、台湾の代表権を維持するためには、少なくとも台湾を支持する票が三分の一必要だと選挙運動をする。投票直前の、台湾支持票の票読みで、いまだから言えることだが、外務省の国連局長は、「自分の票読みによれば、絶対大丈夫だ。日本は勝てる」と言う。なぜかと言えば、現在の日本の安全保障理事会の常任理事国入りの選挙運動と同じで、アフリカなど方々にODA（政府による途上国援助）のお金をばらまいて、「これだけお金を援助するからわが方の決議案に賛成してくれないか」と、すごい選挙運動をやる。国際社会の選挙運動は、買収とか贈賄というのはまったく罪にならないから、いくらでも買収も贈賄もできる。

それに対して、私が属していたアジア局などは、どちらかと言えば開発途上国に同情的な人が多いから、「アジアにはたくさん開発途上国があってそんなことはないぞ。もうそろそろ中華人民共和国になっていいのじゃないか」、という気持ちでいた。そして、最後のショウ・ダウンになって国連総会の投票が迫り、中華人民共和国支持派が三分の二をオーバーするかどうかが注目されている頃、日本は沖縄返還の特別国会をやっていた。

なおアルバニア決議案は、賛成七六、反対三五（棄権十七、欠席三）で採択された。

勝つことも負けることもある

『文芸春秋』に山崎豊子さんが「運命の人」という連載小説を書いていたが、その内容はちょうどその頃の話である。沖縄返還にまつわる密約の疑惑という問題で、私どもの先輩にあたる、当時の吉野文六アメリカ局長が、「沖縄返還交渉で密約があった」とこの前、新聞に話されて話題になったが、密約があるかどうかで国会は大いにもめた。この沖縄返還も、ひとつの大きな外交案件だった。

当時私は、国会の沖縄特別委員会に政府委員として出席していた。そうしたら、審議の最中に、秘書官が佐藤栄作首相、福田赳夫外相のところにメモを持っていく、するとその周辺がざわざわする、ちょうど最近、国会の質疑応答の最中に小泉純一郎首相がメモを見てざわざわしたら、紀子さんがご懐妊されたというニュースだったという、ああいった光景を思い浮かべてもらいたい。委員会に出席しているだれもが、何かあったなと思っていたら、国連代表権でわが方の決議案が負けた、つまり、中華人民共和国を支持する票が三分の二をオーバーし、北京がこれから中国の代表になることになった。

野党の方は、「それみろ、いつまでもアメリカにべったりしている自民党政府は何をしているのだ。国連でだって負けたじゃないか」と政府を厳しく攻める。

私はアジア局の参事官だったが、以前に、福田外相に「どうだ、中江君。代表権でひょっとしたらこの秋は負けるかもしれない。負けたらどうする」と聞かれたので、「大臣、そんことは心配されることはないですよ。投票というのは、勝つこともあり負けることもある。たまたま負けるだけの話で、日本が決議案を出せば必ず勝つのだなんて思う必要はないのですよ。そのために投票するので、負けたら負けたでいいじゃないですか」と、答えた。そうしたら委員会で野党のどなたかが、福田外相に「外務大臣、情報によると国連で日本の決議案が負けて、中華人民共和国が中国の代表権を引き継ぐことになったが、どう考える」と質問したところ、福田外相は「いやそれは選挙のことであるから勝つこともあり負けることもある」と、私が雑談で言っていたことをそのまま答弁された。私はそのとおりだと思っていたが……。

もうひとつの外交

そういう経緯があって、中国の代表権は引っくり返った。しかし、それによって、中国が一つになったかと言えば、そうではない。ここが問題のポイントである。引っくり返ったのは中国の代表権を持っているのはどちらか、ということだけだった。つまり、それまでは台湾が代表権を持っていて、北京は代表権を持っていなかった。しかし、今度は北京が持つことになり、台湾は持たなくなった、それだけのことである。したがって、《一つの中国》か《二つの中国》か、《一つの中国か一つの台湾》か、という問題はその後も残る。そういう状況の下で、日中正常化が行われる。

それまで日本は、台湾に逃れていた国民政府によって代表される中華民国と平和条約を締結して国交を持っていた。それが今度は国連における代表権が引っくり返ったのを契機として、中華民国との関係を断って中華人民共和国と国交を正常化することになった。それが、第一章でお話しした日中国交正常化である。

したがって、その裏返しとして、台湾の方、中華民国の方は影に回される。しかし、影に回って裏ではあるが存在する。それに対してどう対応するかが、中華人民共和国と国交正常化した時に生じたもうひとつの外交、日華断交である。

国とは何か

まわりくどいことをお話ししたが、台湾について、そういう動きがあった中で、日本が日中国交正常化をするのだが、裏に残されている台湾とはどういう存在か、が問題になってくる。

先日の外相の発言のように、台湾をいまだに「国」だと思っている人がいるとすれば、これは大変嘆かわしいことである。国際法上、国とはどういうものであるかが、外相であるにもかかわらず、少しもわかっていない。勉強すればわかることなのに、政治家によくある悪いくせで勉強しようとしない。

第一は、どの国の領土か、領土が問題である。それから第二は、統治者はだれか、だれが治めているのかが問題。それから第三は、そこにどういう人間がいるのか、である。つまり、領土と住民と統治者＝政府、この三つが揃ってはじめて国なのである。日本が、そういう観点から台湾をどのように認識しているのか、あまり究められていない。国際法上の、あるいは国際政治の原点や真理というのは動かないで、きちんとしているわけだから、それさえわきまえていれば不規則発言など生じるわけがない。

領土としての台湾

台湾がどこの国の領土かについては、先ほど申し上げた、カイロ宣言、ポツダム宣言とあって、日中共同声明の中では、そのポツダム宣言を引用して、次のように書いてある。

中華人民共和国政府は、台湾が中華人民共和国の領土の不可分の一部であることを重ねて表明する。日本国政府は、この立場を十分理解し、尊重し、ポツダム宣言第八項に基づく立場を堅持する。」

ところが、この文言が何を意味しているかわからない人が多い。「十分理解し尊重する」ことの意味を多くの人はわかっていない。中華人民共和国がそういう立場を表明していることを、日本政府は「十分理解し尊重し」と言っているのに、まったく理解しないし、まったく尊重しない人がいまだにいる。悲しいかなわが外務省のOBの中にも真しやかにまったく勝手な解釈をしている人がいるくらいである。

いわんやポツダム宣言第八項の立場を堅持する、とは聞いたことがないし、読んでもわからない。なぜなら、先ほど申し上げたように「『カイロ』宣言ノ条項ハ履行セラルベク」と書いてあるだけである。では、カイロ宣言が履行されなければならない、というポツダム宣言第八項が何を意味しているかについて、「台湾、澎湖諸島のように日本国が中国人から盗んだ地域は中華民国に返還すること」と書いてあり、「中華人民共和国に返せ」と書いてないではないか、と素人は言う。それは当時、中華人民共和国がまだ誕生していないから、中華民国と書いてあるのである。

したがって、その返還先である中華民国が、その後、革命によって中華人民共和国になったことを認めるのか認めないのかが結局問題になってくる。認めるなら台湾は中華人民共和国の領土となるし、認めないなら、ならない。ところが認めるような、認めないような、やっぱり台湾は中華民国だ、とわけのわからないことを言う人がまだいる。私がここで話したことすらわからない人が日本の政治をやり、しかも外相の職に就いている。これが領土としての台湾とは何かということである。

台湾の住民と統治者

次に、台湾の統治者はだれか、だれが治めているのか、という問題である。人民解放闘争に敗れて、蔣介石・国民政府一派が、台湾海峡を渡ってほうほうの体で台湾、澎湖諸島に亡命した。そして、そこに居座って何をしたかと言えば、非人道的ないろんな事件を起こした。国民政府は台湾の住民を弾圧して台湾を自分のものにしよう政治的圧力を加えた。このように台湾に逃がれた中華民国政府、つまり、国民政府がいまでも台湾の統治者かという問題が残る。

ところが、陳水偏総統、あるいはその前の李登輝総統ら台湾側の指導者は、自分たちは台湾を統治しているばかりでなくて、中国大陸はもちろんその先のモンゴルも国民党のものだと言っていた時代があった。しかし次第に変化して、最近は『台湾人の悲哀』という本を書いている人がいるように、「台湾人の台湾だ。台湾人は自分で自分を治めたことがない。かわいそうな民族じゃないか」と、台湾人のアイデンティティが問題になり始めている。

そうすると、台湾の統治者というのは、台湾人が選んだ台湾の政府が誕生してこなければ台湾の統治者と言えなくなる。蔣介石一派とともに大陸から台湾に逃げてきた人たち、それ以前に福建省や広東省など中国の南部地方から平穏に移住して台湾に住んでいた人たち、さらに彼らより先に住んでいた高砂族や蛮人と言われたいわゆる原住民たちが混住していて、何となく「台湾人の台湾」と言っても、どの台湾人なのか、どこまでが台湾人なのかそれもはっきりしない。そうした曖昧模糊としたものが、この統治者はだれかという問題である。したがって問題はそう簡単ではない。それなのに台湾は国だと簡単に一言で言ってよいのか、そのことについて日本の政治家がまったく気づかないのはおかしいことである。

重なる不作為

領土的帰属の問題からみても、統治している政府の形態からみても、その統治の対象である住民、人民の構成からみても、台湾というのは実に複雑な歴史と現実がからんでいる。したがって、日本にとって台湾の問題はそう簡単なものではない。

なぜそうなったかと言えば、前にも申し上げたように、基本的にはアメリカ、イギリスがカイロ宣言で、台湾および澎湖諸島は中華民国に返すと言いながら、返すという手続きを認めなかった、あるいはしなかった。したがって、あいまいなまま残っている。

もうひとつ大きな問題だが、中華人民共和国政府は、台湾および澎湖諸島は中華人民共和国の領土の不可分の一部である、と言っておきながら、現実にはこれまで一度も台湾を統治したことはなく、放ったままにしている。アメリカも、イギリスもほったらかした、中国もほったらかした。

このように台湾がすっきりしないのには三つの障害がある。一つに連合国の不作為、これはカイロ宣言で台湾の扱いを宣言しながらそのとおり履行しなかったアメリカ、イギリスの不作為。それから二つ目に、中華人民共和国は、台湾は領土の不可分の一部と言いながらこれを支配していないこと。三つ目に、アメリカは台湾関係法という有名な国内法で武力を断固行使してでも台湾を守る、と規定している。したがって、アメリカは台湾で何か事が起これば、場合によっては軍事力を行使することになる。

それを承知のうえで中国が台湾に手を出せば米中戦争になってしまう。そんな愚かなことを中国はしない。手控えている。それがもう何十年もつづいて現在の台湾が「台湾」として存続している。その結果、中華人民共和国と《台湾にある台湾》、要するに台湾が対決している。

その台湾を日本はどう扱うべきか、ということが問われても、わけがわからないことになる。日本にとって台湾とは、そういう存在である。

日中国交正常化と台湾

こうした障害がある台湾との関係を、日中国交正常化にあたって日本政府はどう処理するかが日華断交の問題点だった。それを私が担当させられたことは、外交官としては非常にやり甲斐があっておもしろく、忘れられない交渉だった。そのことをこれから申し上げる。

日華外交関係の下での日中国交正常化だが、その時点まで日本は中華民国と正式の国交があった。日本は、中華民国の国連代表権を支持するのみならず、中華民国と平和条約を結んでいた。つまり、日本が戦争をした相手は中華民国で、平和条約を結んだのも中華民国である。戦争をした相手と平和条約を結ぶということ自体は正しいことで、日本と中華民国との間には、何の翳りもなければ曇りもなく、また、不正もない。

戦争を戦い、その戦争が終わり、平和条約を結んで、友好関係を築き、お互いに大使を交換することは、まったく正常なことである。そういう正常な関係があるにもかかわらず、日本は今度、中華人民共和国の方に鞍替えする、乗り換える、乗り移る。したがって、中華民国の方から、いままでの関係をどうしてくれるのかという反発が出てくるのは当然である。それを外交当局が外交的に上手に処理するよう政治の世界は要求する。それにどう対応したか、これからお話しする。

周三原則と国交三原則

日華外交関係がある下で、日中国交正常化をする際の客観的な情勢はどうであったか、その時に何が問題であったかを考える場合、まず公明党を取り上げなければならない。公明党というのは、当時、中国との間ではかなりの影響力を持っていた。そして、中国政府も公明党の筋を利用した。

一九七一年七月二日、国連の中国代表権問題が引っくり返った年、竹入義勝委員長を団長とする公明党の第一次代表団が北京に行って、中日友好協会代表との間で共同声明が出され、その中で公明党側は次の五つの原則を明らかにした。

一番目に、中華人民共和国は唯一の合法政府である。つまり国民政府、台湾に存在すると主張する政権は合法政府ではない。唯一の合法政府は北京である。二番目に、台湾は中国の領土の不可分の一部である。中華民国とは関係ない。三番目に、日蔣条約（日華条約、日本と中華民国との間で結んだ平和条約）は不法で無効である。権利のないものと平和条約を結んだとしても、それは効力がない。それから四番目は、アメリカが台湾を占領しているのは侵略だ。つまりアメリカが台湾関係法によって台湾に対して影響力を持っているのは侵略だ。五番目は、国連における代表権は、中国政府にあることを支持する。

この中の最初の三つがいわゆる《周三原則＝日中国交三原則》と言われたものである。

「唯一の合法政府は北京、台湾は中国のものだ、日華条約は無効だ」、中華人民共和国政府は、日本と国交を正常化するにあたって、この三つを守らなければだめだと徹頭徹尾主張しつづける。

そのことが明らかになったのが翌一九七二年に民社党代表団が訪中した時である。この三原則が交渉に入る前提だと中国は主張する。それから今度はいわゆる〝七夕選挙〟といわれた自民党総裁選挙で田中角栄が勝って、いよいよ日中国交正常化だという時に、今度は社会党の佐々木更三さんが団長で中国へ行って、田中首相、大平外相の新政権が周三原則を認めると中国側に伝え、中国側は「田中さんいらっしゃい」、ということになる。

そして田中首相は「よっしゃ、わかった」と言って訪中する。その直前に日中共同声明の要点、草案を中国政府は今度も公明党の竹入委員長を通じて日本側に知らせてくる。これが竹入さんの持ち帰った日中共同声明案である。それを見て、田中首相も大平外相もこれならいけると判断した。

このように中国側は、周三原則というものを徹底的に日本側の頭に叩きつけた。しかし、日本はこれに対して、「はいそうです」という姿勢をとったかと言えば必ずしもそうではなかった。自民党の中に日中国交正常化協議会を作って、小坂善太郎元外相が座長になり、日中国交正常化にどう臨むべきかを議論する。そして、その議論を踏まえて自民党副総裁の椎名さんが特使として台湾に派遣され、中華民国の蔣経国・行政院長と会談することになる。俗称《中江メモ》といわれているメモは、その会談の要旨である。

台湾解放と大陸光復

そういう経緯はあるが、その前に《台湾解放と大陸光復》という非常に興味深いテーマがある。中華人民共和国政府は、「人民解放闘争は大陸止りで台湾まで行かなかった。やりのこしたままの台湾を必ず解放する」、と言いつづけてきた。そして、いまでも中国の要人はそのように言う。それに対して台湾に逃がれている中華民国の蔣介石も、「自分たちはいまは台湾に逃がれているが必ず大陸を取り返す、大陸を光復する」と、言いつづけてきた。そのことをおもしろおかしく書いたのが、一九九四年七月七日に日本経済新聞の『あすへの話題』に私が書いた「七夕の空」というコラムである。紹介すると次のような文章である。

そのころ、上野の山で「三角大福」餅が売れている、という冗談がひろまった。自民党総裁選に託けたもので、「三角大福」とは、三木・田中（角）・大平・福田の四候補のこと。選挙は七月五日に行われたが、「七夕選挙」とも呼ばれた。第一回投票の結果は田中・一五六票、福田・一五〇票。一九七二年のことである。

七夕選挙の結果誕生した田中内閣は、公約第一号の「日中国交正常化」に突進し、ときの大平外務大臣は、私に、「日中問題とは、君、日台問題だよ」と洩らされた。

その台湾との話し合いのため九月中旬訪台の椎名悦三郎自民党副総裁に、蔣経国総理（蔣介石総統の子息）は、「共産主義は絶対に中国大陸には根付きません。必ず失敗します。そのとき、私たちは大陸を光復（取り戻）します」と説き、「では、いつごろ失敗すると見ておられるか」との問いに対しては、「百年でも二百年でも待ちます」との答え。

同じころ、中国大陸では、訪中した日本の要人に対し、周恩来総理は「台湾は必ず解放します。しかし、どんなことがあっても今世紀末までに、などとは考えていません」とのべていた。

両当事者は悠々と構えているのに、どうしてひとり日本国内でだけ大騒ぎするのか、滑稽にさえ見えたことを思い出す。

今宵は七夕。

天の川（天安門？）を挟んで「周恩来さん、百年も待つ必要はなくなったようですね」と蒋経国。「いやいや慌てなさるな、必ず解放しますよ。中国は一つ、という原則では、お互いに完全に一致しているじゃありませんか」と周恩来。「そのとおり、中国は一つである。頑張りましょう」と蒋経国…（ちょっと間を置いて）…「は、は、は、は」と二人。

天国からこんな会話が聞こえて来そうな七夕の空。

あれから十七年がすぎた。

というわけで何が問題かと言えば、台湾に逃がれた国民政府は、「これは一時的に台湾に避難しているだけだ。将来中国大陸で共産主義が失敗したときにはもう一度取り戻す」と主張し、他方、周恩来の方は「解放闘争で中国本土を解放したが、まだ台湾が残っている。しかし必ず解放する。だから横で厄介なことを言うな、台湾解放は中国の内政問題だ」と言い張り、両方とも相手がだめになった時には解放すると言っておきながら、何年経ってもいまだに解放していない。

このように当事者はいずれも質問されれば、あわてないで解放すると答えているのに、日本人は気短かだから「解放するのなら早く解放しろ。解放できないのなら、あきめろ」、と言ってしまう。日本人は目先のことばかりにこだわり、大局的、長期的な展望がない証拠だと私は思う。これは大げさに言えば文化の違いがあるのかもしれないが、中国や台湾とつき合うときに日本人が気をつけなければならない問題だと私は思っている。

そして、日本が大陸とこれから正常化するという時、台湾との関係をどうしていくかが、台湾工作になる。そこで、自民党の日中国交正常化協議会がどのような論議をしていたかをうかがい知ることができる、おもしろい部分が、『記録「椎名悦三郎」』下巻（追悼録刊行会、一九八二年）に、「日台断交は当然」という見出しで収録されているので紹介する。

自民党の日中国交正常化協議会

河野洋平氏　私は前回の常任幹事会で動議を出しました。その動議はそれまでご熱心にご討議をいただいた中川（一郎）先生をはじめとする皆さん方のご議論に若干の異論を唱える動議でございました。しかしその際、中川先生あるいは渡辺（美智雄）先生、浜田（幸一）先生、そういう方々から、円満な会の運営と、この辺で取りまとめの時期であるというご意見が出されて、話し合いでこの案をおまとめになるということですから、私も自分の案を取り下げてこの案の作成に協力をいたしました。私は、私なりに「従来の関係が継続されるよう……」という字句には、外交関係とは書かないでもらいたい〔引用者注――原案には日本が北京と国交を正常化しても台湾とは従来の関係を継続すべしと書いてある。そしてその中には外交関係まで含むという議論が盛んだった。それで河野洋平さんは、そんなところに外交関係なんて書かないでもらいたい、自分の意見は別だからということを言っている〕という私の意思があったからでございます。これは賀屋（興宣）先生はじめ多くの諸先輩がご意見をお持ちのように、現実に二つの政府があって、一つの中国一つの台湾か、あるいは二つの中国論か、それぞれのご意見があるのと同じように、私は少なくとも一つの中国論を考えているものとして、一つの中国、そしてその中国を代表する中華人民共和国政府と日中国交正常化を行うということになれば、やはり大平外務大臣がおっしゃったように、論理的帰結としては台湾問題についてはかなりの決断をしなければならないということも考えて交渉に臨まなければいけないという気持が、私には依然として残っております。（「そのとおり」という声あり）

これは、「そのとおり」という声あり程度であって、「そうだそうだ」と言って河野さんと同じような正論を吐いた人は、議事録を見ると、協議会には出席していない。河野さんは非常に勇気があった。他方、日中国交正常化を支援する人たちは一般に気が弱かった。心の中ではそう思いながら発言しない。そういう人が何人もいた。「そうだそうだ」と言う人がいるかと思うといない。私もこの場にいたから知っている。ただ「そのとおり」と言うだけだから、記録には「そのとおり」という声ありと残った、その程度のことである。

そこで、

小坂（善太郎）会長　たいへん貴重なご意見の数々をいただきましたのでございますが、要は、ここに書いてございます字面も大切でございますが、党員の皆様方のご意向を十分いれて、あとで悔いを残さないような態度で折衝することだと思います。

そういう意味におきまして、日中国交正常化基本方針（案）を、この当総会にお

いてご採択いただきたく考えますが、いかがですか。(「賛成」という声あり。拍手)

小坂会長　ありがとうございました。決定をさせていただきます。

これでは何を言っているかわからない。自民党の日中国交正常化基本方針(案)については、いろいろ意見があるだろうが、議論はこのくらいにして、とにかくこれを呑んでもらい、田中訪中で国交正常化をやろうではないか、ということだ。方針の中身が問題であるにもかかわらず、論議を打ち切ろうとしたわけである。そうしたら「賛成」という声があり、「拍手」があって、「ありがとうございました、決定させていただきます」と決定しようとする。そこで、それに異議をとなえる藤尾正行先生が出てくる。

藤尾正行氏　いま会長から採決のご動議が出たようでございますけれども、先ほどの中川君の提案はいったいどうなったんですか。そういうことをなおざりにして採決をされるという態度こそが今日までのあなた方の不信につながっておるんですよ。(語気強く)

「されたい」を「すべきである」に

中川一郎氏　いまの会長の採決の仕方では、河野先生からのご発言があって、なんだか両方わけがわからんうちに採決ということになりますから、河野先生にもまことに申しわけありません。この原案を作ったときには、両案入って、お互いにハラを割ってつくったのがこの案でございます。そのときには外交関係が継続されるように堅持すべきだというのがわれわれの主張。河野先生のほうからは、台湾は大事だけれども交渉の過程で台湾を切らなければならんときは切って仕方がないんじゃないかという案であったわけでございます。いろいろ議論の結果、渡辺美智雄君から、「従来の関係が継続されるよう」という言葉であれば、外交問題も従来というなかに入っておるのではないか。であればギラギラした外交というものを書かなくても当然入ることであるから、ぜひそれでいこうということになったわけでございます。ところがそのときにご反対になりましたのは川崎（秀二）先生でございます。外交問題がそのなかに入るということであるならば、私は賛成しかねるということでございましたから、一人くらいの反対は仕方がないと（満場笑い）、反対の意見を表明なさい、こういうことが正直な、この案をつくるときのわれわれの気持ちであったわけでございます。

ところがその後、協議会にかけましたところが、賀屋興宣先生から、中国というのは国の範囲はどこなんだ、台湾を含まないということを明記しなければならないということがありました。それもひとつこの際ご遠慮願って私はいつもいうんですが、中国が三原則で台湾も含むということは、理論的に向こうがいうことはわかる、しかし日本には日本の関係もある。台湾との関係もある、こういうむずかしいなかでひとつ台湾を切らんようにして折衝してくれ、こういう論旨であるから、どっちが含むとか含まないとかいわないようにお願いをしたいといったら、賀屋先生もご賛同いただだいて決ったのがこの原案であったわけでございます。

でありますからここで文章を変えるということはほんとうはよくないことでございます。が「交渉されたい」というのではちょっとここへきましたところ皆さんの空気が強いようですから、「すべきである」というくらいのところでしかも「従来の関係」のなかには外交も含んでおりますと。

（満場笑い）というのは、この協議会に出席している多くの人は台湾擁護派だったことを表している。川崎秀二さんがいくら一人で反対したところで、一人ぐらいならまあ仕方がないじゃないか、「ワハハ」と笑う。そういう不真面目な雰囲気がよくつたわってくる。

石原慎太郎氏　従来のすべての関係。

中川一郎氏　外交を含めた従来のすべての関係ということが大多数の意見であるというところでご決定をいただきたい。

小坂会長　それでは、中川さんから「交渉すべきである」という字句を変えろというお話がございましたが、いかがでございましょうか。（「賛成」「異議なし」という声あり）（拍手）

小坂会長　それでは大変ご熱心にご討議をいただきましてありがとうございました。原案「されたい」を「すべきである」と修正して決定をいたします。

それではこれで散会をいたします。（拍手）（一五二―一五四頁）

日中国交正常化というのは、日本が中国大陸との関係をどう正常化して、新しいアジアを構築していくかという非常に大事な外交案件であった。それにともなって積み残された台湾との関係を大きく害さないでどう絶つか、むずかしい外交課題でもあった。

それを政府与党である自民党が党として協議しようと日中国交正常化協議会を作ったが、最後の幕切れがこの程度のものでしかなかった。ああでもないこうでもない、従来の関係と言えばいろんな関係があって外交関係も入ってよいのではないか、そうだそうだ、といい加減なまま何もはっきりさせないで終わった。

田中親書

このような自民党の日中国交正常化協議会の決定を持って椎名悦三郎さんは台湾に行くことになる。共産主義が失敗したら大陸を取り戻すと言っている蔣経国と会って、日華断交に持っていくかどうか議論することになる。

その前に、《田中親書》にふれておく。おそらく蔣介石は怒っているだろうと、日本の政治家はみんな思っていた。中華民国、つまり国民党の在京大使館の書記官をしていた林金茎という方の『戦後の日華関係と国際法』（有斐閣、一九八七年）という本に書いてあるし、一般にも言われているが、蔣介石は、カイロ会議、ポツダム会議の時に、日本という国を共産主義の手に渡しては困る、だから天皇制を残してあげよう。また、日本を分割占領すべきでないと主張していた。ドイツ、朝鮮、ヴィェトナムは、東西ドイツ、南北朝鮮、南北ヴィェトナムと、東西冷戦の中で分割されている。日本も北海道はソ連、本州はアメリカ、九州は中国と、仮に分割占領しようと思えばできた。

また、戦争が終って二〇〇万の日本軍が中国大陸に残っていたが、ソ連のように抑留したり、捕虜にしたりしないで、無事に日本に復員させた。

このような蔣介石のご恩を忘れてよいものかという議論が、日本には現在でもあるが、当時もあった。しかし、これには別の見方もある。蔣介石がなぜそうしたことを主張したのか、なぜそういう立場をとったのか。それは、国民党の中華民国を守るためだった。つまり、中共の共産主義の南下を押さえるためには、アメリカとよい関係を保たなければならない。そこで、日本を反共の砦とするアメリカの政策に協力するために、日本という国がつぶれては困るから、天皇制を残した方がよい、国土も分割占領しない、日本軍は強い軍隊だから早く帰せば、日本の再建に役立つだろう、という思惑もあって、そういう主張をしたのだという説もある。

いずれにしろ、日本は日中国交正常化にあたって、台湾に対して何か手を打たなければならない。蔣介石が怒ったら台湾海峡は封鎖され、そうなれば、中東から石油を運ぶタンカーなどが台湾海峡でポカポカ撃沈され、日本の補給路は断たれるではないか。台湾が日本に宣戦布告して戦争状態になったらどうするのだ。日本の企業はたくさん台湾に進出し業績を上げているのに、その財産を押さえられたらどうするのだ。何万といる在留邦人が全員抑留されたらどうするのだ、こういう脅迫めいた議論が当時の日本にたくさんあった。

それをどんな立場の人が言ったか、先の自民党の日中国交正常化協議会の発言者をご覧になるとわかるように台湾擁護派の人たちである。賀屋興宣さんを頭とし、岸信介のようなA級戦犯容疑の人、それに黙っているのだが灘尾弘吉さんとか、それから藤尾正行さん、中川一郎、石原慎太郎とか、後に《青嵐会》と称するグループに参加した人たち、日本での言い方をすれば右派、軍国主義系統の人たちだった。

すると、田中首相、大平外相という人たちは、政権を守ることしか頭にないから、「それはそうだな。もしそこで大事件が起きたら、自分たちの政権が吹っ飛ぶから困る。そのためにはなんとか台湾をなだめなければならない。そこで、《田中親書》を出そう」ということになった。

日本人の発想では、親書というのは、大変意味のあるもののように思われている。日本国内閣総理大臣田中角栄と署名した手紙を蔣介石総統宛てに書いて、いろいろ事情があって北京と国交を正常化するが決して台湾のことは忘れていません、たいへんお世話になりました。断腸の思いでこの際は北京と手を結んで、その結果として台湾との関係は疎遠になってもそれは我慢して許してください、と書くわけである。

そういう親書を携えて椎名副総裁は田中首相の特使として台湾に行き、蔣介石に渡して、田中首相は決して悪意があるわけではない、事の流れとして真にやむを得ず北京と関係を結ぶ。そうなれば台湾との関係は切れるのだ、と切々たる気持ちを訴えようと田中親書が考えられた。

その田中親書を非常に重要視して、書いておられるのが、『記録と考証　日中国交正常化・日中平和友好条約締結』の中の石井明先生の論文である。ところが、当時の私は、いまさら親書なんか書いたってだめだ、そんなことで、「ああそうか、では我慢してやる」、と言うような台湾（国民党の「中華民国」）ではない。台湾の立場に立ってみれば、オール・オア・ナッスイング、日本が台湾を認めるか認めないか、認めない方向に踏み切るのなら何を言ったって聞けない、「お前の言うことは不合理だ、間違っている、責任をとれ」、これしか答えはない。そんなところにおめおめと親書を持っていって、どうぞお許しくださいなんて言うのはおかしい。そんなもので解決する問題ではない、もっと日本と台湾の関係の基本にかかわる問題だという認識があった。

当時アジア局が台湾関係も担当していたが、田中首相が蔣介石総統宛ての親書を出すという話から、親書の内容をどうするか、持っていってどうするかということに私は一切関係しなかった。後でわかったのだが、中国課の小倉和夫君という首席事務官が一生懸命やっていたらしい。

彼は鉛筆をなめながら、親書の案を書いて、やはり漢文に学のある人に見てもらえというので、漢学者の安岡正篤さんのところへ持っていった。安岡さんはそれを直して、親書案ができた。そして、その親書案の決裁をとって浄書し、わたしに椎名副総裁のところへ持っていってもらいたいと言う。私は当時、参事官だったが、「決裁した記憶ないよ」と言ったら、小倉君は、「参事官もちゃんとサインしてますよ」と言う。親書案の決裁書類を見もしないで私はサインしていたが、首相が持たせるというのなら勝手に持たせればよいではないか、という醒めたものだった。また、親書を携行する椎名副総裁も親書の案がどうなっているか私に聞かれたこともなかった。

田中親書については、椎名特使が持って行って蔣介石に渡そうとしたことまでは事実である。ところがその後、台湾の関係者とあるシンポジウムでいろいろ話したが、台湾側は親書の案を事務方が受け取って読み、これは蔣介石に渡すに及ばぬということでボツにしてしまったという。そのことはあまり公にされていないが、私は最初からボツだと思っていた。

そういう経緯があったのを、『記録と考証　日中国交正常化・日中平和友好条約締結』では、次のように書いてある。

椎名は九月十七日 - 十九日、訪台し、蔣経国・行政院長を含む台湾の要人と会談したが、台湾と断交するとは一言も言わず、「従来の関係を継続する」という自民党の基本方針を説明した。東京から携行した田中首相の蔣介石総統宛て親書でも、北京政府承認国が続出し、日本国民多数が日中国交正常化を望んでいるという状況下で、「慎思熟慮して北京政府と新に建交する」意思を表明しているが、台湾との断交方針は記されていない。中国と国交を正常化した後、台湾との関係をどうするのかという点については、次のように述べられているだけだ。

「固より　貴国との間に痛切なる矛盾抵触を免れず

時に又粗略有るを免れぬことと存じますが
自靖自献の至誠を尽して善処し……」(三七一―三七二頁)

親書は言葉ばかりが踊っていて中身がない。こういうものがあったということだけである。

デモに見舞われる

田中親書はともかく、椎名特使を派遣して、台湾に対してどういう申し開きをするのか、自民党の日中国交正常化協議会でしっかり議論して、結論が出ていなければならなかった。にもかかわらず、先ほど申し上げたように、「中華民国とは従来の関係を継続する。従来の関係の中には外交関係も入る。散会」という中身で終わってしまった。だれが考えても、そういうあいまいな内容を持って椎名さんが台湾に行き、蔣経国と話をしたところで、台湾側が「ああそうですか」と言うはずがないことはわかっている。それでも「あなた方とは外交関係がなくなる。申し訳ない」と伝えに行けと言う。

しかし、台湾は椎名特使が訪台するという報道に対して、「謝罪のために来るのならその必要はない。謝罪なんかしてもらったって何の役にも立たない。したがって椎名特使を受け入れることはできない」、と言ってきた。

私は、それはそうだろうくらいに思っていたが、田中内閣としては、それでは困ってしまう。自民党副総裁ともあろう人を特使にしたのだから、派遣すると言った以上、受け入れてもらわなければ困る。そこで、台湾に対していろいろの工作をして、「椎名特使いらっしゃい」ということになり、二〇人くらいの随行団を伴って、一九七二年九月一七日に訪台することになった。

私は、椎名副総裁が外相をされていた、一九六五年の日韓正常化の時もご一緒してソウルまで行った。ソウルに着くとものすごいデモと警戒である。空港からホテルに入るまでが容易ではない。パトカーに護られて「ハアハア」言いながらホテルに入ったら、それっきり出られない。ホテルの前にも群衆がいて、「韓日正常化反対」を叫んでいる。そこから韓国側と交渉する場所まで、これまた機動隊のようなものに護られながら行って会議をやったことがある。

それと同じように、台北に行った時もデモ隊がいて、空港に着いても表の出口からは出られない。裏口から出ようとしても、そちらにも多くの人が待っていて、われわれの乗った車のボディを棒で叩き、窓ガラスには、つばを吐きかけ、それはひどいものだった。そして宿舎の圓山大飯店まで行くのだが、私は椎名さんに「日韓交渉の時も先生とご一緒でしたが、ご一緒すると必ずデモにやられ、ろくなことはありませんね」と笑い話をしたが、本当はそれどころではなかった。

台本を勉強しない役者

いままでお話したように、非常に複雑な台湾との関係を持ちながら、北京政府と国交正常化する日本政府が、その関係をどのように後始末をつけるか、その中身が重要になってくる。そのひとつのポイントは、田中親書という先方に渡らないようなものでなく、椎名悦三郎という人が台湾に行って、蔣経国・行政院長と直談判することにある。つまり、外交の詰めは、紙とか電報によるものではなく、最後は人間である。

そうなると、その役者にだれを選ぶかが非常に大事になってくる。この場合は椎名悦三郎という役者を官邸は使った。使われた椎名悦三郎という政治家はどんな役者か、およそ台本に書かれたセリフは言わない、そもそも台本を勉強しない役者である。私は非常にお付き合いが長いのでよくわかっているが、役人的な頭で理屈を「どうこう」言うようなタイプではまったくない。

問題の根本は何だという、いわゆる原点を押さえ、それはどうなる、それをどうするつもりだ、ということがはっきりしないと納得しない。したがって「発言要領」とか「擬問擬答」を書いてもそんなものは通用しない。私は、韓国、台湾と随行を命じられたが、発言要領を作成したところで、どうせお読みにならないだろうと思って、一度も書いたことがなかった。椎名さんはどうするのだろうと見ていたら、台湾に行く前に、どうしても田中首相と大平外相の考えを聞いて、納得したうえで台湾に行きたいという思いが強い。

自民党副総裁だから田中首相に会おうと思えばいつでも会えるようなものだが、ご存知のように、永田町は一般の人間はなかなか中に入れないばかりか、椎名さんですら田中首相に会えない。田中首相は、椎名さんに特使として台湾に行っていただきたいと言っておきながら、椎名さんが、台湾に行って何と言えばいいのか、日本はどう対応するつもりなのか話を聞かせろ、と会談を申し込んでも、「お会いしましょう」という返事は来ない。「ばかにするな、子どもの使いではあるまいし」、と椎名さんは内心怒っておられたと思う。

そして、やっと田中首相に会うことになり、私は、どういう話になるのか、ご一緒して首相の部屋に入って行ったら、田中首相が「ああ椎名君、椎名君、どうも今度はご苦労さん。どうもどうもご苦労さん。君が行ってくれればそれでいいのだよ。ありがとう、ありがとう」、とそれでおしまいで、ほかに何も話さなかった。

椎名さんは、「そんなことを言ったって君、本音を言わなければおれが行ったってどうしようもないじゃないか」、と思っていても口には出さない。言うだけヤボだとわかっているから知らん顔をしている。腹の中では田中首相はひどいやつだと思っておられたにちがいない。しかし、周囲の状況から判断すると、日中国交正常化を成し遂げるため、田中、大平は北京に多分行く。そして正常化したら日本と北京との間に外交関係ができる。その裏返しとして台湾との関係は切れ、外交関係はなくなる。これはもう動かし得ざる既定路線だな、と椎名さんはわかっておられたと思うのだが、それでも椎名さんは田中首相には何もおっしゃらなかった。

それにしても蔣経国・行政院長に対していきなり、「田中首相はいよいよ北京に行く。そうするとあなたのところとは断交だ」、と言えるかそれはむずかしい。では、椎名特使は何と言うのだろうか、私はおおいに関心を持った。椎名さんは台北に向かう飛行機の中でいろいろ考えておられたにちがいない。

そして、蔣経国と会って椎名特使が発言されたことが、《中江メモ》に一言一句全部そのまま残っている。私が椎名特使の横で走り書きしたメモだから私以外は読めない。そのメモを中京大学の方で写真に撮って、本人が浄書したらこうなっているだろうと紹介してくれた。それによると、椎名特使はいろんなことを発言している。自民党の日中国交正常化協議会の決定では、台湾とは従来の関係を継続する、この従来の関係には外交関係も入る、そういう申し合わせになっている、と発言された。

これは大変な発言である。そうならないことがわかっているのに、協議会ではそうなっていると言う。しかし、蔣経国という人も非常に頭のよい人で、枝葉末節ではなくて「田中首相、大平外相はこの協議会の決定を守るのであるか」とポイントだけ質問するので感心した。すると椎名特使は「この協議会の第一回目の会合のときに、田中首相、大平外相は、じっくり議論してください。自分たちはその議論の結果を踏まえて中国に行きます。こう言っていますから議論は聞くでしょう」、と答え、「守ります」とは言わない。ところが田中首相、大平首相は協議会には最初に出席しただけで、後の会議にはまったく出ていない。したがって、議論の中身を聞いてそれにのっとってやろうなどという気持ちは始めからない。小坂委員会で適当にやって、時間がたって、はいこれでおしまい、とひとつのセレモニーでよかったのである。

もうひとつおもしろいのは、その時、私はわからなかったが、日中国交正常化の後で日本に台湾の代表が次つぎと来た。現在の前の前の代表が羅福全さんだが、別の件で私が台湾のシンポジウムに出発する前に、朝食に招いてくださった。そして、椎名訪台の話がいろいろ出て、羅福全さんは、「どうも蔣経国はあの時点ではもう大陸を取り返すことはあきらめていたようですよ」、と言った。

これは大変なニュースである。日中国交正常化する時点で、台湾はもう大陸を取り戻すことはあきらめていたのだったら何も大騒ぎをすることはなかった。当時、椎名さんは、田中、大平は必ず北京に行って関係を持ち、台湾との関係を断つ、こう思っていた。相手の蔣経国は、自分たちは、中華人民共和国政府を押しのけてまた大陸に戻るとは考えていなかった。そういう二人が会って何を話し合っているか、椎名さんの方は、「台湾とは外交関係を断ちませんよ。協議会はこういうことを言っていました」と言い、蔣経国の方は、「自分たちがいま台湾にいるのは将来大陸を取り戻すためにここで力を養っている。時がくれば、われわれはもう一度大陸を取り戻す。台湾はそのための基地として大事に守っていく」、と言っている。

すなわち両者とも、嘘をついている。また、相手も、嘘だとわかっていながら、「あなた、嘘でしょう、ほんとうはこうじゃないですか」とは言わないで、「うんうん」うなづきながら聞いて、それで会談は終わった。それを側で聞きながら、私は歌舞伎の勧進帳を思い出した。弁慶と富樫が嘘をつき合い、わかっているがあえてそれを問わないで、メンツを守って安宅の関を通してやる。そういうことと非常によく似ているなと思った。

味のある外交交渉

外交交渉は人間の問題だ、役者の問題だと私が言ったのは、ただ役者が必要というだけでなく、歌舞伎の役者がやっているように、大見得を切ってえらく立派な格好をし、いかにも涙を流さんばかりに訴えるのだが、腹の中はまったく違う。しかし、観客はそれを見て感動する。したがって日中国交正常化、日華断交というのも、二人の役者が台北でそういうふうにして、嘘をつき合いながらもお互いのメンツを立ててあったわけである。

何のことはない、騙されたのじゃないかと言うが、外交交渉というのは本来騙し合いである。なぜ交渉するかと言えば、立場が違うから交渉する。立場が同じなら最初から「やぁやぁ」で交渉する必要はない。こっちはこう思う、あっちはこう思うと立場が違う、じゃあ話し合おうと、立場が違う者同士が話し合って合意に達するためには何が必要か、やはり妥協しなければならない。そうでなければ片方はボロ勝ち、他方は完敗、日本の戦争のように連合国は完勝、日本は完敗という形で外交交渉が終わってしまう。勝ち負けがはっきりした形で終わった外交交渉はまずい交渉だと私は思う。勝った方には驕りがあり、負けた方は口惜しくて、いつまでもくよくよして怨みが残る。したがって、傲慢さが残ったり怨恨が残ったりするような結末はよくない。次にまたやっかいなことが起こる。外交交渉というのはほどほどのところで、どっちが勝ったか、どっちが負けたかわからないが、なんとなく両方ともまあそれでいいじゃないかというところに落とす。したがって、そう簡単なものではない。

この椎名・蔣経国会談というのはまさしくそういう意味で非常に味のある交渉であったと私は自画自賛している。外務省の現役で外交の仕事をした中では、印象に残る教訓に満ちた交渉だった。

目的達した台湾工作

結果として中国は台湾を一度も支配したことがないのに、領土の不可分の一部であると何十年間も言いつづけ、日本の場合には「十分理解し尊重する」、ほかの国には「承認する」とか「了承する」とかいろんな表現を使って、それを認めさせた。いずれにしろ領土の不可分の一部だということをずっと言いつづけて、領有権を主張するのである。しかし、そういう奇妙な領有権の主張をしているということについては、いろいろ議論がある。

一方、台湾の方は怒るのだがその怒り方が問題である。まず、一九七二年九月二九日、日中共同声明発表の日に、外務省の法眼晋作事務次官が中華民国の彭孟緝・駐日大使を呼んで、断交やむをえないと通報する。

国民政府も北京政府もともに中国は一つであるとの立場を堅持している以上、日中国交正常化により、まことに遺憾ながら日華間の外交関係は維持できなくなることを了解されたい。しかしながら、日本国政府としては、国民政府において特別の異議がない限り、たとえば民間レベルによる貿易経済関係など実務関係については、可能なる限りこれを維持していきたいと考えているので、在台邦人の生命財産の安全が損なわれることがないよう国民政府の十分な配慮を求めたい。他方日本政府としても、わが国に滞在する国府系中国人の保護には十分意を用いる所存である旨申し添えたい。

これは次官から大使への通報だが、内心びくびくしながら、お手柔らかにと言っている。それに対して中華民国政府はどうしたか、同じ日に、《中華民国対日断交宣言》を出す。ここで初めて中華民国は日本国に対して断交を宣言をする。外交関係断絶である。

中華民国政府は、日本政府のこれら条約義務を無視した背信行為にかんがみ、ここに日本政府との外交関係の断絶を宣布するとともに、この事態に対しては日本政府が完全に責任を負うべきであることを指摘する。

全責任は日本にある、自分は何も悪いことをしていない、日本が勝手に関係を切った、だから、いままでの約束に違反したのだ、と言うわけである。そしてその後に、日本軍閥はこういう悪いことをした、それに対して蔣介石総統は……とずっとつづく。

蔣総統は中日協力と全アジアの安全平和の大計に立脚し、カイロ会談で極力日本の天皇制の保持を主張するとともに、日本の降伏を受理した後は、徳を以って怨に報いる政策を採り、日本捕虜二百余万人を安全に送還した。

それからさらに、戦争賠償の要求および日本占領の権利まで放棄し、領土分割から免れさせた、それにもかかわらず、今度の田中政府のやったことは忘恩背義行為だ、恩を忘れて義に反するということである。そして次が一番のポントである。

この時に当って田中角栄がついに狼を部屋に引き入れ、敵を友と認め、中共匪団の転覆活動を助長することになったのは、日本及びアジア太平洋地区に限りない禍患をもたらすことは必至であろう。

大陸を収復し、同胞を救済することは中華民国の基本政策であり、いかなる情勢下においても絶対に変更はあり得ない。

こう言っているのだが、実際はその裏で変更している。しかし、そう言う。それで、

中共偽政権はアジア禍乱の根源であり、この暴虐集団が転覆された後、日本及びアジアの安全自由と繁栄が初めて確実な保障を得られる。

その後に、

中華民国政府は、田中政府の誤った政策がなんら日本国民の蒋総統への深厚な徳意に対する感謝と思慕に影響を与えるものでないことを信じて疑わない。

わが政府はすべての日本の反共民主の人士に対し、依然、引き続いて友誼を保持する。

この三行に椎名特使を台湾に派遣した効果が表われている。「日本人の蒋介石に対する思慕の情には変わりがないと自分たちは思っている。また、わが政府はすべての日本の反共民主の人士に対し、依然、引き続いて友誼を保持する」。つまり、日本に対して害を加えることはしないと言う。

椎名特使が九月一九日に帰ってきて、田中首相が九月二九日に日中正常化の共同声明を出した時に台湾がどういう反応を示すかは、私にとって非常な関心事だった。台湾海峡封鎖と出るか、日本人の生命財産を拘束すると出るか、あるいは他にどういう反応が出るかと思っていたら、悪いのは田中角栄であって、日本の人士に対しては引きつづいて友誼を保持する、つまり日本人を敵としないと言っている。これによって日本人の生命財産に積極的に危害を加える心配をする必要がなくなった。

このことを当時、台湾に在勤していて、もう亡くなられた伊藤博教公使から、日中共同声明が発表された九月二九日の深夜、翌日未明の午前二時ごろに私の自宅に電話がかかってきて、「中江君、あれが入ったよ」の一言だった。何が入ったかと言うと、あの最後の三行である。つまり台湾側がこの三行を断交宣言に入れるか入れないかというのが交渉の勝負だった。

日本の台湾工作は、この三行が入った形で納めるのが目的で、その目的を達したというのがこの結果である。

コンセンサスなき外交

その過程のひとつのエピソードとして、自民党の日中国交正常化協議会の人たちが、いわゆる地均（じなら）しということで、田中首相一行が訪中する直前に北京に行って、周恩来に会っている。周恩来は小坂団長に、「椎名さんはご苦労さんだね。このむずかしい時に台湾に行って、日中友好のためにいろいろと苦労しておられる、敬意を表します」と、言った。それに対して、小坂団長は、「そうなのです。椎名さんは苦労しています」と気持よく答えた。

そうしたらその夜、小坂さんたちに「すぐ来い」と呼び出しがかかり、周恩来は、「私は先ほどの会談で椎名さんの労をねぎらったが、椎名さんは台湾で大変なことを言っているじゃないか。日中正常化協議会では従来の関係を継続する、その従来の関係に外交関係が入る、こういうふうに椎名さんが言ったと外電で入っている。台湾と外交関係を切らないでしかも北京と国交正常化をする、そんなことを考えているとすれば、これは《周三原則》に反するじゃないか」とものすごい剣幕で怒った。

そこをどうとりなしたか、私は北京にいなかったから知らないが、非常な危機に会って小坂団長以下、平謝りに謝って、「いやそうではない。田中首相と大平外相はしっかりしている。正常化したら台湾とはきっちりケリをつける」と一生懸命申し開きしたということだった。

幸いにして、賀屋興宣とか藤尾正行とかああいう人たちがいないところだから、事なきを得たが、そういう経緯があって国交正常化はできた。

このように、日華断交は、国民世論をきちんと整理し、そのコンセンサスの上で進めたものではなく、非常にあたふたとしたものであったことがおわかりいただけたと思う。それが将来に禍根を残すことになる。

台湾問題は中国の内政問題

そこで中台関係、現在の中国と台湾の関係はどうなのかだが、台湾問題はあくまで中国の内政問題である。それは、中国の立場に立っても、台湾の立場に立っても同じである。中国が一つか二つかなどというレベルの問題ではなく、両岸に中国人が住んでいる中国の問題であり、日本が横から口出しする必要はないし、コメントする必要もない。

なぜ、台湾問題があるかと言えば、アメリカが共産主義の中国に対抗して台湾を反共防衛の最前線にしようとしたことは間違いなく、それが現在までそのまま残されていることである。台湾は民主化されたと宣伝されているが、その台湾を誰が守るかと言えば、相変わらずアメリカである。

このように両岸関係を難しくしているのは、アメリカが中国に背いて台湾を防衛する政策をとっている結果だと思う。つまり、台湾問題は中国と台湾の争いでなく、中国とアメリカの争いというのが問題の本質である。このように中国の内部問題であり、アメリカの責任からしても、日本には関係のない問題だ。したがって、そのことに対して日本から「ああしろこうしろ」というのはおかしい、それが私の基本的な立場である。

それから、最近（二〇〇六年二月一六日）の朝日新聞に、台湾からの特派員電で「『独立も選択肢』国民党が表明」という記事が出ている。台湾の独立というが、他人事ながら独立っていったい何だ。中国からの台湾の分離独立なのか、中華民国からの中共の分離独立なのか、考え方は二つある。

つまり、中華民国の立場に立てば、自分の国土の大部分を占領した共産匪賊がいる、そいつらはけしからん、それなら独立しろ、独立を認めてやると言って大きな中国の中から中華人民共和国という国の独立を認めて、おれは本丸である台湾に残っているという独立の認め方もある。

今度は逆に中華人民共和国からみれば、早く解放しようと思っていたのになかなか解放できないでいたから、独立するのなら勝手に独立しろと、中華人民共和国が領土の不可分の一部である台湾に中華民国としての独立を認めるという独立の認め方もある。つまり、国際法的にみると、独立と一言で言ってもだれがどこから独立するかということについては、問題は簡単でない、と少し考えてもらいたい。

それに対して中国が言っている統一というのは一国二制度、香港とかマカオに例があるように、一つの国の中に二つの制度があってもよい、一つの中国の中に中華人民共和国のような制度と、中華民国＝台湾のような制度の二つあってもよい、外交権はだめだが警察はもちろん軍隊まで認めてもよい、という提案も中国側にはある台湾は中華人民共和国の領土の不可分の一部であるが、一つの国の中の一部になればよいのだ、というふうにもとれる。したがって、大事なことはメンツである。

中台関係は単純でないので、日本の政治家とか評論家とか国際政治学者とかが、知ったかぶりをして言うのは勝手だが、それがどうであるかを判断する能力をわれわれは持たなければいけない。判断する能力を持つには、あまりにも事態は複雑でむずかしく、そう簡単なものではないことがおわかりいただければよろしいのではないかと思う。

3

日中平和友好条約

周恩来の深慮

まず、なぜ「条約」なのか、なぜ一九七八年なのか、二つのことを考えなければならない。なぜ「条約」なのかは、何でもないことのように思えるが、重要な背景がある。それは、「条約」だと、日本の手続きで言えば国会の承認が必要となる。与野党を含めて国会が承認しなければ効力が生じない、それだけ重い国際約束である。

それに対して、第一章でご説明した「共同声明」は、両国の首脳が声明をポーンと出せばよいわけで、国会の承認は要らない。そして、声明を出した途端に、国際約束、外交文書、公文書として効力が生じる。このように作りやすい「共同声明」と、重々しい平和友好「条約」という二つの文書を、なぜこういう順序で、つまり、一九七二年に共同声明を出し、それから六年後の一九七八年に平和友好条約を締結することになったのか、それは、ただの思いつきだけではない。

そのことを、『記録と考証　日中国交正常化・日中平和友好条約締結交渉』で、中国人の学者で日本でも勉強している林暁光という人が「一九七〇年代の中日関係」というタイトルで次のように書いている。

中日国交正常化の前に、日本の公明党委員長・竹入義勝と会談した周恩来総理は、中日国交正常化を二つのステップに分けることを提起した。「最初のステップは、『共同声明』あるいは『共同宣言』のようなものを発表し、名称はどのようなものであれ、とにかく国交正常化のために声明を発表して大使を交換し、相互が正式に承認を行う。次のステップは、平和条約を締結する。ただし単純な平和条約ではなく、『平和友好条約』を締結し、単純な平和条約から一歩前進させる。こうすれば、私たちがどのようなものを結ぼうとしているのか、世界の人々に知ってもらい、安心してもらうことができる。もちろんこのような平和条約を結ぶことは中国の人民にとっても日本の人々にとっても必要で、互いにためになる。」（三七九―三八〇頁）

つまり、国交正常化の前から周恩来首相は、まず日中共同声明を出して国交を正常化し、大使を交換して、いろんな関係を深め、落ち着いたところで平和友好条約を締結して日中関係をがっちりしたものに固めていく、ということをひとつの構想として持っていた。

こういう発想、あるいはきちんとしたものの考え方は、わが方の「よっしゃわかった」

と言って北京へ飛んで行った田中角栄首相たちとは、大きく違う。そうした思想、発想、構想、理念が、わが方にはまったくなかった。そしてまた、事務当局にもなかった。さすが周恩来で、中国のすぐれた指導者の頭の構造は、われわれ日本人とはかなり違うことを、まず知っていただくために申し上げた。

日本の国内事情まで考える

日本は戦争に負けて、敗戦国として国際社会に放り出された。そして、国際社会に復帰していく第一歩は、戦争を終わらせる平和条約を締結することから始まった。一九五一年九月八日のサンフランシスコ平和条約から始まって、一九五二年四月二八日の日華平和条約、その後、ビルマ、フィリピン、インドネシア、ヴィェトナムなど、東南アジア諸国とすべて平和条約を結び、正常な関係に戻っていった。

中国と平和条約を結ぶことがいかに問題であるかは、第二章の日華断交のところでご説明したので省略するが、台湾に亡命していた中華民国という中国とは平和条約を結んだ。しかし、中国で革命を成就させた中華人民共和国という中国とは平和条約を結んでいない。

その中華人民共和国と国交を正常化するためには、平和条約ではなく、まず共同声明から始めようと周恩来が考えたのは、日本に国会の承認を必要とする条約として平和条約を締結することを持ち出したらどうなるか。日本には、大陸と早く関係を正常化すべしという人たちがたくさんいる。しかし、他方には、共産主義なんて認めるわけにいかない、いままで仲良くした台湾（「中華民国」）との関係こそが大事だ、だから、日中平和条約などは結ぶべきでないという一派がいて、大きな声を上げるだろう。そういう人たちが「なんだかんだ」と言ったら、日本の国会で条約が通るわけがない。そんな混乱を招いてまで日中正常化、日中友好というものを追求することが、中国にとって得策かどうか、周恩来は考えたと思う。

その結果、そうしたやっかいなものは後回しにして、まず共同声明で正常化して、大使を交換し、航空協定を結び、貿易協定を結び、漁業協定を結び、その他の実務協定を結んで、おもむろに日中関係を固め、関係が安定してきたところで締めくくりに日中平和友好条約を結ぶ作戦をとったのではないかと思う。

これは、周恩来の日本の国内事情まで念頭に入れた実に長期的な立派な政策であったと私は考える。比較として日本側を絶えず引き合いに出すが、日本側は、そういう点では非常に乏しいし、貧しい。これは現在でも同じである。そのことについては日本人が考えなければならない問題である。

コタツに足を突っ込んで勉強

それに対して、福田赳夫首相の下で、日中平和友好条約をはたして締結できるか、ほとんどの人が懐疑的な見方をしていた。福田首相というのは、岸信介、佐藤栄作のいわゆる保守本流の筋を引いていて、出身派閥である福田派には、台湾ロビーというか、台湾派の人たちが多く、また、その勢力が強かった。そのため、福田内閣が中国との間で平和友好条約締結に踏み切るとはとても思えない、と多くの人たちは考えていた。私ども事務当局も、国内の政治事情はいろいろあるにしても、福田首相になると、日中条約をはじめとして日中関係はむずかしいかな、台湾に対する配慮がまた多くなるのでは、と思っていた。

福田首相が誕生したのは一九七六年の一二月二四日だが、翌一九七七年に入って福田首相が外務省のアジア局に対して、「アジア局長、自宅へ来い」と指示された。日中平和友好条約を勉強したい、というのである。当時の外務省から出ている首相秘書官は、皇太子妃雅子さんの父上にあたる小和田恒君だった。寒い二月の初め、小和田秘書官と私は資料をいっぱい持って、世田谷区にある福田首相の私邸に行き、コタツに足を突っ込んで話し始めた。日中平和友好条約の中身はどうなるのか、それをどう進めるのか、また、日本は中国にどう対応すべきか、るるご進講申し上げた。

二月下旬にも福田首相の私邸に呼ばれ、首相の話を聞きながら私は、この首相はやる気があるなと、つくづく感じた。本気で日中平和友好条約の締結を狙っている。それは一般の新聞とか論評などに出ている風評とはおよそかけ離れたもので、私は、これは本物だと思って一生懸命説明した。勉強会はその後もつづいていった。

福田さんが首相になった時、福田派には台湾派と対中強硬派が多いが、むしろそういう派閥を抱えている首相が決断した方が反対派を押さえることができて、よいのではないか、という意見があった。福田首相はいま述べたように、就任当初からこの条約をやろうという決心で真面目に勉強を始められた。そして、福田派には台湾ロビーがいっぱいいたが、その人たちを福田首相は念入りに説得に回られた。機会をみては反対しそうな人を説得するために、食事を共にしたりして努力された。したがって、むしろ中国に対して強硬な人が首相になったために強硬派を押さえやすかったということはあったかもしれない。

福田ドクトリンの三原則

交渉に入るまでの間にどういうことがあったか、まず《福田ドクトリン》がある。福田首相は、一九七七年八月、東南アジアを歴訪されて、八月一八日、マニラで最後の締めくくりの演説をされた。その中に示されているものが福田ドグトリンと言われているものである。

骨子は、日本の東南アジア外交のポイントは三つにしぼられる。

第一点は、いかに日本が経済大国になっても軍事大国にはならない。

第二点は、いままでの日本の東南アジアとの関係は物と金に重点を置きすぎて、心の問題を忘れていた。これからの東南アジア外交は心と心の結びつきが大事だ。これを重点にしたい。

第三点は、体制、主義主張にかかわらず平和共存の東南アジアを作る。具体的には共産主義、社会主義であったインドシナ三国と、自由主義、資本主義の現在ＡＳＥＡＮといわれている東南アジア諸国連合との関係は競争ではなくて共存を図っていく。そのために日本は応分のＯＤＡ（政府による途上国援助）をはじめとする経済支援を行う。

この三つのポイントは現在、忘れられているが、重要性はますます増している。つまり、日本のアジア外交の根本に経済、金の力でこれを何とかしようという考え方を置くのは間違っている、心の問題を大事にしなければいけない、ということである。

現在、アジアに対する〝心〟を首相以下みんなが忘れている。したがって、アジアとの関係はうまくいかない。また、憲法改正の裏に隠れて、経済大国となっても軍事大国にならないという第一原則もおろそかにされ、軍事大国になるかもしれない。逆にその道を開かなければならないという若手の議員が出てきている状況ですらある。第三原則の体制の違いを超えて平和共存しようにいたっては、まったく逆行しているように思う。

ジョージ・ブッシュがアメリカの大統領になってから、主義、主張の違うところに対しては、価値観が異なるからといって〝ならずもの国家〟とか〝テロ支援国家〟と呼んで、対話でなくて力でこれをねじ伏せようという傾向が出ている。これは覇権主義と言われるが、ようするに力による解決である。

ともあれ私がアジア局長としていろんな仕事をした中で、台湾との断交も大きな仕事だったが、この福田ドクトリンをまとめるお手伝いをして、世に問うことができたのは、よい仕事だったと思っている。

当然の成り行き

何人かの学者が「福田ドクトリン」というタイトルで論文を書いているが、歴史を鑑とするなら、アジアの問題が起きるたびに、福田ドクトリンのことを考えなければいけない。しかし、ほとんどの人が忘れている。福田首相の本心というのは、福田ドクトリンにみられるように、イデオロギー、体制の違いを超えて平和共存することにあり、「全方位平和共存外交」とも言われていたが、その最たるものが中華人民共和国との関係をどうするかにあった。

中国は共産主義であり社会主義であり、日本とは体制が違う。とくに経済の面では、現在では中国独特の市場経済だと言っているが、当時は社会主義の中国。それに対して資本主義、自由主義の日本。この体制の違い、イデオロギーの違いを超えて平和共存するという福田ドクトリンの考え方からすれば、日中平和友好条約の締結によって日中関係をしっかりしたものにすることは当然の成り行きだった。

中国の困難な内部事情

日中平和友好条約締結の決意で臨んだ福田首相は、折りあれば締結交渉をやろうと思っていた。この条約を締結することは、すでに一九七二年の共同声明の第八項に

日本国政府及び中華人民共和国政府は、両国間の平和友好関係を強固にし、発展させるため、平和友好条約の締結を目的として、交渉を行なうことに合意した。

とある。

ここに周恩来のかねてからの念願であった共同声明の次は平和友好条約という思想が、はっきり書き込まれている。しかし、共同声明で合意したのだから早く締結交渉をやればよいのに、なかなか締結交渉に入れなかった。それは、中国で文化大革命という大混乱があって、落ち着いて交渉する状況ではなかったからである。これは客観的にそうだった。

ところが、その頃、中国側は日本に対して、なぜ条約交渉をやらないのか、やる気になれば一秒間でできる、と盛んに言っていた。中日友好協会会長の廖承志さんなどは訪中した日本の要人に「日本は何をぐずぐずしているのだ。早く条約を結ぼうじゃないか」と言った。

また、中国の幹部の中には、「日本側では中国の内部でいろいろ問題があるからこの交渉が始められない、と言う人がいるが、そんなことはありません、中国はいつでも締結します」、と言う人もいた。こういうのを語るに落ちると言う。何もそんなことをこちらから聞いてもいないのに、向こうから言わなければならないほど、中国が困難な内部事情を抱えていたことは事実だった。

やがて文化大革命が終わり、中国は一九七七年の八月一二日に文化大革命の終結を宣言する。したがって、福田首相が福田ドクトリンを出した一九七七年の八月に、日本は東南アジアに向けて新しい外交政策を出し、中国は国内でごたごたしていた文化大革命の終結宣言した、それで時機が熟すわけである。

その頃、福田首相は、それまでの「条件が揃えば日中平和友好条約を締結する用意がある」という言い方から、「機は熟しつつある」と施政方針演説の表現を変えた。一般の人は、「そんなことどっちだってたいしたことではない」と思われるかもしれないが、私ども事務当局から見ると、首相が国会で「条件が揃えば締結する用意がある」と言うのと、「締結の機が熟しつつある」と言うのでは大きな違いである。したがって、「機は熟しつつある」という言葉を入れることは、そこにひとつの情勢判断があったことを示している。

反覇権条項

機は熟しつつある状況から、平和友好条約締結交渉に一歩踏み出そうという時に、大変邪魔になるものが出てきた。それが、《反覇権条項》である。ご記憶の方は少なくなったかもしれないが、一九七七年から七八年にかけて、平和友好条約締結交渉が議題に上った時に、日本の新聞、テレビ、ラジオその他をにぎわしたのがこの反覇権条項である。

つまり、中国はこの条約に「覇権に反対する」という条項を入れようとしている。しかし、それを入れることは日本が中国の反ソ政策に組みすることになるのではないか、という議論が持ち上がった。これは、おかしな議論で、どこがおかしいかというと二つある。ひとつは、共同声明の第七項をご覧になるとわかるが、日中両国間の国交正常化は、第三国に対するものではない。両国のいずれも、アジア・太平洋地域において覇権を求めるべきではなく、このような覇権を確立しようとする他のいかなる国あるいは国の集団による試みにも反対する。

と、第三国に対するものではないことがきちんと入っている。

つまり、日中が一緒になってソ連に対抗するというような、対ソ敵対共同戦線ではないことがひとつ。そして、日本も中国も、アジアはもとよりどこであっても覇権を求めないし、どこの国であれ覇権を求めるものがあれば、これに反対するというのがもうひとつである。これらは、共同声明の時にはすでに合意されていたことで、それを条約に書くことで、何でそんなにもめるのか理解に苦しむ議論であった。

米中コミュニケは二つあるが、二つとも覇権反対の条項が入っている。一九七二年の米中共同コミュニケ、それから一九七九年の上海コミュニケ、これは台湾に対する武器援助のコミュニケだが、この両方のコミュニケとも覇権反対に言及している。したがって、米中間でもすでに覇権反対条項は合意されていたし、日中間も共同コミュニケの中に入っていた。

東京新聞のスクープなかりせば

それなのにどうしてそんなに「がちゃがちゃ」言うのか。この点について、いつものことだが、「日本の新聞はけしからん」、と私は思う。そして、いまでも許すことができないのは次の《東京新聞のスクープ》と言われる記事である。

政府筋が二十二日明らかにしたところによると、政府は日中平和友好条約交渉の中で、中国側が日中共同声明第七項後段「アジア・太平洋地域に対する第三国の覇権確立に反対する」との趣旨を同条約に盛り込むように主張してきても、これに応じない方針を固めた。この第三国がソ連を意味することは、日中共同声明当時から〝常識〟となっており、仮にこの趣旨を日中条約に盛り込めば、同条約が事実上の〝対ソ同盟条約〟とソ連に受け取られ、ソ連側に無用の刺激を与える恐れがある、と判断したためである。（東京新聞、一九七五年一月二三日朝刊）

このスクープがなかりせば、こんなにやっかいな交渉をしないですんだ。

この新聞記事は客観的にみるとよくできている。これを書いた記者は、よく勉強されて、タイミングよく記事をスクープとして出した。それはそれとして立派なことである。しかし中身がいかにも日本の国益を損ねるものであった。つまり、こういうふうに取り上げることによって、ソ連がすぐに噛みついた。

このスクープが出たのが七五年の一月二三日だが、間髪を入れず、二月には、トロヤノフスキー駐日ソ連大使が、椎名悦三郎自民党副総裁のところにとんで行き、「日本が結ぼうとしている日中平和友好条約はけしからん。ソ連としては絶対に認めることはできない」と申し入れをしている。ソ連にこういう行動をとらせたのは何かと言えば、東京新聞のこの記事である。ほかの新聞も東京新聞にやられたというので懸命にこれをフォローする。フォローすればするほどやっかいになって、「ああでもない、こうでもない」と言って、日本はあたかも反ソ覇権条項の入った日中平和友好条約を結ぼうとしているように、間違って意地悪くマスコミに取り上げられた。

それに勢いを得たのが、反中、親台湾、親ソ派の人たちである。中には当時、中国研究では第一人者と言われたある大学教授までもが「日中平和友好条約を結ぶべきでない。これを結んだら日ソ平和条約は結べなくなる。日ソ関係は悪くなる。北方領土なんか絶対に戻ってくることはない」、という論陣を張った。この教授は、その直前にソ連に招かれている。ソ連が何人かの主要な日本の国際政治学者をモスクワに招待して、洗脳したのだろう。この先生は見事に洗脳されて帰ってきて、途端に反中華人民共和国になってしまった。いまでも反中華人民共和国だが……。私はその先生と一緒に食事をしたり、いろいろ意見交換をしていたのだが、ソ連から帰られ豹変されてからは、向こうからもあまりアプローチがないし、私も顔を見るのもいやになってしまった。そういうふうにソ連はあらゆる手を使って日中平和友好条約の締結を妨害しにかかる。その原因となったのは、東京新聞のスクープである

もし、この記事にあるように、反覇権条項が反ソ的なものであることが共同声明のときから〝常識〟となっていたのなら、マスメディアはなぜ共同声明が出た時にそのことを問題としなかったのだろうか。いわんや、アメリカが一九七二年に反覇権条項を認めたときもだれもそんなことを言わなかった。それが、一九七五年頃になって急に「反ソだ、ソ連との関係が大変だ」と言い出した。新聞というのは、こういうふうに煽り立てて問題を大きくし、それでいろいろ記事を書いて儲けようとする。資本主義社会における競争原理の下での、新聞というもののあり方が問われるひとつの悪い例だと思う。

李恩民さんが書かれた『「日中平和友好」交渉の政治過程』（御茶の水書房、二〇〇五年）に「東京新聞」のスクープは、日中双方の交渉の進展に大きな影響を与えていた。この記事が出なければ交渉は早くまとまったかもしれないとの見方もあったが、影響力はそれほどでなくても、交渉を難しくさせ、日中のどちらも後退できない立場に立たされることとなったのは事実である。[24]（三七頁）

と書いてある。注の(24)は私に対するインタビューである。私はこの著者のインタビューを受けてそう答えた。しかし交渉当事者である私としてはほんとうは腹わたが煮えくりかえる思いだった。

口の軽い政治家

要するに、そういう東京新聞のスクープ記事が、日本と中国の平和友好条約の締結交渉をものすごく邪魔したことだけは強調しておきたいと思う。福田首相を始め、政府与党も、条約を締結しようと思って、真剣に取り組んでいる時に、いいかげんな記事を書いて、交渉を遅らせ、よけいな労力と時間を使わせたことを言いたい。

ところが、その新聞記者は、そのネタを勝手に見つけてきたのではない。ニュース・ソース、情報源がある。この情報源は閣僚級の人である。「その人の名前を明らかにしなければ殺す」と脅されても、私は口に出すことはない。

日本の政治家がいかに無防備かというひとつの表われだが、ある閣僚経験者が、海外旅行中にポロッと情報を洩らした。よくゴールデン・ウィークになると政治家が海外旅行をする。何だかんだと名目をつけて彼らは遊びに行く。遊びに行って在外公館のわれわれにいろいろ迷惑をかける。「あそこに連れて行け。女を世話しろ」といったとんでもない注文も出る。それは政治家の勝手だが、海外に出た時に記者会見をして、内政の話をする時に、気がゆるむのか、あるいは新聞記者諸君と一杯飲んでよい気分になるのか、ポロッと情報を洩らすことがある。この場合もある閣僚経験者がアメリカでポロッと覇権反対条項のことを洩らした。

しかし、それは一月の初めで、東京新聞のスクープは一月二三日である。この記者は一月初めに多くの記者がいたところでこの情報を聞いて、一月二三日に〝頃やよし〟とぶった。聞き逃さずにその情報をしっかり持っていて、頃合いを見計らってぶったことは、記者としては有能だと思う。しかし中身が問題で、そういうことを書くことが、はたして日本にとってよいことなのかどうか問いたい。

宮沢四原則

では、覇権反対はなぜそんなに問題になったのだろうか。覇権反対条項というのは、日中が反ソ同盟を結ぶことになるほど大変なことなのだという議論になった時、外務省の中では、覇権とはそもそも何かが議論になった。「覇権」という言葉は、日中共同声明に初めて出てきたくらいで、条約とか公けの外交文書に覇権の文字はなかった。

覇権とは、ヘジェモニーだとか、ヘゲモニーだとか、全国高校野球大会で全国制覇、覇権を求めてがんばろうなど、主として勝負ごとに使われ、国が覇権を求める、国の覇権という言葉はあまりなじまない。日本側では、共同声明はともかく、厳かな条約の中に持ってくる言葉ではない、国際法上、覇権の定義はない、覇権って何だといわれても説明できないと言って、中国側に反論した時期もあった。

それが一番華やかに議論されたのは、三木武夫内閣の宮沢喜一外相の頃である。宮沢さんは非常にシャープな人だから、覇権反対というのを定義づけようと、《宮沢四原則》というのを作って、喬冠華という中国の外相（覚えておられる方があるかもしれないが、容貌魁偉なすごい顔をした人だった）にぶっつけた。

国連総会の時にニューヨークで宮沢さんは喬冠華に会って、自分がお示しした「宮沢四原則にもとづく覇権反対条項をどう思われるか。それにもとづいてわれわれは条約を締結しようと思うのだが」、と言ったのに対して、中国は全然返事をしなかった。宮沢さんは、「失礼だ、わが外務大臣が相手の外務大臣にちゃんとこういうことでやろうといって聞いているのに返事もよこさない」、と怒ってしまって、中国に対して非常に冷たくなってしまわれた。

そのころわれわれ事務当局は、中国は文化大革命の真っ最中で、てんやわんやしている時に、どんな案を持って行ったところで、まともな返事がくるわけがないと思っていた。しかし、日本人というのは上から下までそうだが、思いつめたらそのことばかり考えて、一歩、二歩下がって冷静に、相手はいったいどんな気持ちなのだろう、それに対してこちらはどうすればよいのだろう、と少しも考えない。現在の靖国問題について、「中国が頭からやめろと言っているのではない」、と言っても聞かない。そういうふうに、政治家を含めて大きく長い目でものを考えることができない体質なのである。

孫文の大アジア主義

それはともかく、反覇権の問題をどうしようかということが騒がれた頃、日本には中国のことを勉強している人がたくさんおられて、覇権と言えば昔から王道、覇道というのがある。覇権というのは王道に対する覇道だ、その象徴的な根拠は孫文の「大アジア主義」という演説の中にあるよと教えてくださった人がいた。それが孫文の次の言葉である。

西洋覇道の番犬となるか、東洋王道の干城となるか、あなたがた日本国民がよく考えてほしい。

朝日新聞の記者だった田所竹彦さんが書かれた『浪人と革命家』（里文出版、二〇〇二年）というおもしろい本の中で、革命家の一人にとりあげたのが孫文である。孫文は台湾でも中国でも建国の父といわれている。

孫文は、中国同盟会などをもとに結成した中国国民党を率いて、一九一七年ごろからは出身地の広東省で中華民国政府を組織し、民族、民権、民生の「三民主義」を柱に和平統一を主張しつづけるが、そのための国民会議を開くために乗り込んだ北京で、一九二五年三月、ガンのため病死する。五十九歳だった。（六八頁）

孫文は北京に乗り込む直前の一九二四年の一一月に、神戸高等女学校で「大アジア主義」と題する演説をした。この演説の最後で彼が日本に対して呼びかけたのが先ほどの言葉である。

これにあるように西洋はそもそも覇道である。西洋人は肉食で、今度のイラク攻撃を見てもわかるように、特にアングロサクソンというのは残酷である。われわれ東洋人はどちらかというと草食でそんなに気性が激しくない。東洋は王道である。つまり、よく話し合って、「和をもって尊し」となす、激しいことをやって殺すの殺さないの、ということはあまりやらない。

日本は西洋覇道の番犬になるのか、東洋王道の干城となるのか、それは日本国民が考えてほしいと孫文は訴えた。その背景には、福沢諭吉の〝脱亜入欧〟という考え方があった。つまり、日本は他のアジアの民族よりも優れている、だからアジアの真似をしてもだめだ、アジアから足を洗って非常に進んだ欧米の世界をもっと勉強しなければいけないということである。あの頃、日本の多くの人は福沢の影響を受けて、われわれ日本人はアジアでは優れた民族だ、いまやアジアを相手にしていてはだめだ、進んだ欧米の文明を取り入れて、欧米に追いつけ、追い越せでやらなければいけないと、脱亜入欧、欧米崇拝で懸命になっていた。

そのような日本を見て、ちょっと待てよ、日本人はそれでほんとうによいのか、欧米の真似をして西洋覇道の番犬になってよいのか、そうではなく、もともとアジアに根づいている王道を歩むべきではないか、争いがあれば話し合いで解決する、共存の道を求めるべきではないか、相手をやっつけるというような覇権主義的な考えはよそうじゃないか、そういうことを訴えたのが孫文の大アジア主義の演説である。ここに覇権主義の覇道と、それに対する王道についての考え方の定着が始まる。

忘れてならないこと

話は少し横にそれるが、この覇道について、先日ある新聞を見ていたら、日本の日中関係の七団体が訪中し、代表が胡錦濤国家主席と会って、「靖国参拝をやっている限り首脳会談は開かれませんよ。それがなくなればやりますよ」と言われた記事に、胡錦濤発言の要約が載っている。「日中は重要な発展の時期にある。中国がより一層前進できるよう力を貸してほしい。中国はこれからも平和建設の道を進む。覇権を唱えることはない」とある。このように中国の指導者には、覇権を唱えるか唱えないかという問題意識がきちんとある。胡錦濤が「覇権を唱えることはない」と言ったことに私は注目した。

つまり、歴史を鑑として未来を考える時に、大騒ぎをして覇権反対で平和友好条約を結んで、覇権を求めないと言ったその歴史を中国の指導者は忘れていない。それに比べて日本の指導者はとっくに忘れて、アフガニスタンから始まって、イラク、イラン、どこに行っても日本は西洋覇道の番犬になっている。中国が覇権を求めないことをまだ忘れていないことを、われわれとしては、よく心しなければいけない。

覇権反対の四つの理由

それでは、いったいあの条約の中に覇権主義反対の条項を入れたことについて中国にはどういう意図があったのかは、条約交渉の最後の、園田直外相が当時の中国の最高指導者鄧小平と会った園田・鄧小平会談で明らかになった。『記録と検証　日中国交正常化・日中平和友好条約締結』では、

鄧副総理は、条約問題に関し、次のとおり述べた。（中略）中日平和友好条約の重要性は、反覇権にある。反覇権の条項は、第三国に対するものではないということはもっともであるが、覇権を求めるものにはそれに反対するものである。中日両国自身、例えば日本が覇権を求めるなら日本自身が日本に反対しなければならず、中国が覇権を求めるならば中国自身が中国に反対しなければならない。私は、かつて多くの日本の友人にこの点を強調した。中日共同声明にある覇権反対を堅持すべきであり、この理由として次の四つがある。（一八四頁）

と、四つの理由が書いてある。

第一は、「アメリカがこの条項に反対するはずがない」。これは最初に申し上げたように、米中コミュニケにはもうすでに反覇権条項が入っている。日本がアメリカのことを気にしていることを念頭に置いて、まずこういうことを言うのは心憎いことだと思った。

第二は、「中国が条約にこれを書き入れることは中国自身の拘束である」。すなわち中国自身を拘束している。胡錦濤が言ったように、中国は絶えず自から覇権を求めないことをしっかりと約束する。

第三は、「日本に対しても拘束である」。この点を日本は忘れてはいけない。少なくともアジアにおける日本の印象を改める条項である。つまりアジアにおける日本の印象はよくない。それは覇権を求めてああいう侵略戦争をしたその印象が悪いからで、もう覇権を求めないと日本が自ら言うことは日本の印象を改める条項になる。

その次が大事である。

「しかしこれによって日本が自己の武装力を持つべきではないということでは決してない。中国は日本には自分を守る自衛の武装力があるべきであると一貫して主張している」。ここでは一貫してと言っているが、必ずしもそうではない。歴史が示しているように、ある時は日本が自衛の武装力を持つことに、ものすごく反対した。その前は、日本はもっと日米安保を強化しろ、日本の軍事力を高めろ、日本の軍事力を高めることがこの地域の安定に役立つのだということを言った時期もあった。このように時々にさまざまなことを言う。そして、日本が覇権を求めることはいけないとは言っているが、それは日本が軍事力を持ってはいけないと言っているわけではない。自国を守るための、自衛のための軍事力はかまわない、とここでは言っている。

第四番目に、「これを条約に書くことによって、北方領土の復帰に役立つ」。これは傑作である。ソ連がこの条項に反対することは、ソ連が本性をさらけ出すことになる。なぜなら、ソ連がこれに反対するのは、ソ連自らが覇権を求めているからだ。だからそれみたことかと、条約の文言をソ連を試すリトマス試験紙のようなものにして、皮肉っぽく言っている。

毒抜きのための苦心

要するに中国は、日中平和友好条約の中心は覇権反対条項である、という立場がこれではっきりしたわけである。しかし、日本では、先ほどの東京新聞のスクープという大きな邪魔が入って、ソ連がものすごく怒り、トロヤノフスキー駐日ソ連大使が日本政府に文句を言って、この条約を結んだらもう日ソ関係はだめになると脅す。日本は、脅されるとおどおどする悪いくせがあって、覇権反対条項の入った日中平和友好条約を締結しても、ソ連とけんかするつもりではない、日ソ関係ではいままでと同じように友好関係を求め、北方領土の返還を求めて平和条約の締結に向かっていくのだ、となんとかソ連に理解してもらいたい。

しかし、中国は鄧小平の発言にあるように、ソ連が「ギャアギャア」言うのはソ連が悪いのだということで割り切っている。だが、日本はそうはいかない。この条項を入れることによって日ソ関係がだめになることが毒だとすると、その毒を抜かなければいけない。その〝毒抜き〟の苦心が実は日中平和友好条約締結交渉の最大の問題点となった。

したがって、この交渉は一から最後まで、すべてこの毒抜きのための交渉であったといっても過言ではない。毒さえ抜くことができれば、文言を書き込むこと自体は共同声明と同じで、たいしたことはない。問題はこの覇権反対条項が日ソ関係に悪い影響を及ぼさないようにするために、どういうふうに毒を抜くかということが交渉の主な目的となっていた。

最高の条文

交渉はどういう経緯をたどったか。第一章の日中共同声明のところで、お話しした時にお気づきかもしれないが、日中共同声明の第七項の冒頭に、「日中両国間の国交正常化は第三国に対するものではない」という文言が入っている。つまり日中が仲良くなることは、何も第三国に敵対するとか、第三国を刺激することではなく、日本と中国の関係を念頭に置いたものだというごくあたりまえのことが書いてある。

しかし、このあたりまえのことが重要な意味を持つ。この「第三国」のところを「ソ連」と置き換えるとわかる。日中平和友好条約は、中国からするとソ連に対するもので、ソ連は覇権主義の国だから許せない、そして日本も中国もこれには反対だということを言っていることになる。ところが日本はソ連とは引きつづき友好関係を保ちたいので、第三国に対するものでないことをはっきりさせたい。そこでできあがったのが、第四条の一箇条で、これを作り上げるために交渉当事者は苦心惨憺した。

この条約は第三国との関係に関する各締結国の立場に影響を及ぼすものではない。

なんだこれはというようなものだが、たったこの一行のために日中両国の交渉当事者は何十回と交渉を重ねた。この第三国のところをソ連と置き換えると、この条約はソ連との関係に関する日本の立場に影響を及ぼすものではない、と読める。また、この条約はソ連との関係に関する中国の立場に影響を及ぼすものではない、結果として中国は引きつづき反ソでいくが、日本は引きつづき対ソ友好でいくのだというそれぞれの立場が読めることになる。

これによって、中国は中国の思うようにこれを解釈し、ソ連に対するおのれの敵対的な立場に影響を及ぼさないで、ソ連は悪いのだ、悪いのだと言いつづける。日本はこれでソ連に対する立場に影響を及ぼさないのだから、日ソ平和条約に向かって引きつづき友好関係を求めていくのだと言える。

つまり、同じ条文で違ったことが言えるわけである。前にお話しした同床異夢というのはこういうことである。同じ言葉で書いてあるが違ったことを考えている。同床異夢とか玉虫色という言葉はいろいろ批判的に言われるのだが、そういう形で解決するのが最高の外交で、その意味でこれは最高の条文だと私は思っている。つまり、わかったようでわからない、そしてどちらも損をしない、それで毒抜きができたわけである。

中国がソ連に核の使用を要請

そこで、もうひとつ残った問題は、技術的なことだが、中ソ友好同盟相互援助条約の処理である。これは理屈の問題のようにみえるが、少し経緯を考えてみる必要がある。どういうことかと言えば、中ソ友好同盟相互援助条約は、一口で言えば、「中ソ同盟条約」で、これを中国とソ連が一九五〇年二月一四日に締結している。この条約の前文には明らかに日本は敵だと書いてある。日本を敵視して中国とソ連が軍事同盟を結んだこの条約が、そのままずっと生きている。そこで、「中ソが一緒になって日本を武力攻撃するような条約を持っていながら、日本と平和友好条約の締結交渉をしましょうなんてふざけたことを言うな。ソ連との条約をちゃんと処理してこい」というのが日本側の主張だった。

だれだってそう思うだろう。そこに論理上の無理はまったくない。中ソ同盟条約が締結された当時は、中ソは一枚岩と言われていた。そして、中国とソ連、二つの共産主義大国が一枚岩になって、アジアに対して共産主義侵略をしてくる、これがアメリカの認識だった。そのためアメリカの極東軍事戦略は、中ソの共産主義勢力の南下に対してどう対応するかという戦略になる。そしてこの反共戦略に日本は巻き込まれて、サンフランシスコ条約と同時に日米安全保障条約を結んで国際社会に復帰した。それ以来、日本は反共戦線にずっと組み込まれてきた。その反共戦線の反共の〝共〟は何かと言えばソ連と中国である。

一九五〇年の朝鮮戦争の時はご存知のように、ソ連は北朝鮮を援助し、中国は北朝鮮に義勇兵を送って、中ソが一枚岩になって北朝鮮を支援した。それに対して韓国は、アメリカ軍の支援を得て対抗し、三八度線で手を打ったことになっている。その頃までは中ソは一枚岩として強力に作用していた。

ところが、一九五七年の一一月二日から二一日まで毛沢東がソ連を訪問する。私がときどき話をするエピソードだが、ソ連のグロムイコという人は、三〇年近く外相を務めた人だが、その頃はまだ外相になったばかりで、アマチュアだった。そのグロムイコの『グロムイコ回想録』にあるが、毛沢東がソ連に行った当時は、いまでもそうだが、アメリカは覇権主義だった。

毛沢東が「われわれはいまアメリカの覇権主義に直面している。これに対してどう自分を守るかというのが中国の大きな問題である」と話し始めた後、「アメリカがもし大軍をもって中国大陸に侵略してきたら、われわれはどうするかというと、よろこんで中国大陸に誘い入れます。巨大なアメリカ軍が揚子江を越えて北上してきても自分たちはそれに抵抗しません。そしてアメリカ軍の主力が中国大陸の大部分に上陸し終わった時に、グロムイコさん、あなた、〝あれ〟を使ってくださいよ」と言った。

その〝あれ〟というのは原子爆弾、核兵器である。つまり、アメリカ軍を全部おびき寄せて中国大陸に上がったところで核兵器を使ってやっつけてください、と言った。グロムイコが「そのために一億、二億の中国人民も合わせて核兵器の犠牲になるのではないか」と聞いたら、毛沢東は、「一億、二億くらい死んでもかまいません。わが方にはまだあと四億、五億の中国人がいます」と答えた。

それを聞いてグロムイコは顔色を変えた。同盟国中国の、しかも最高権力者である毛沢東の要請だから、どう答えてよいのか迷った。「わかりました、核兵器でアメリカをやっつけます」とも言えないし、「これはたいへん重要な問題だから上部に諮って決めます」、と答えたという。回想録というのはどれも美化して書いてあるから、ほんとうにそう答えたかどうかわからない。しかし、そのときグロムイコがどんな顔をしたのか、このくだりは想像するだけでも、ものすごくおもしろい。

名存実亡の中ソ同盟条約

いまのエピソードは一九五七年の末のことだが、一九五九年の六月に中ソ国防新技術協定という中国を守るための協定が破棄された。その協定の中身は、原子爆弾のサンプルをソ連が中国に教えるものだが、その技術協力協定を中国は破棄した。それは、グロムイコが上部に諮った核兵器による対中支援をソ連が断ったことにある。「そうか、ソ連は中国を核兵器で守ることすらしてくれないのだな。それならもう科学技術協力協定は要らない、原爆のサンプルも要らない」と、その翌年の七月に、中国にいた約一〇〇〇人のソ連の技術者を「もう帰ってください」と全員追放してしまう。なんという勇気だろう。

中国が原爆のサンプルの供与協定を破棄した後、毛沢東が、「中国は自力更生だ。もうソ連の世話にはならない。自分でやります」と言った有名な言葉から中国の自力更生政策を始める。周恩来が日中国交正常化を熱心に急いだ背景には、中国が日本と早く国交を正常化して、日本の資本や技術を導入し、中国自身が強くなりたい、ということもあったのだろう。こうして、中国が日本に求めているものは、はっきりしているわけである。それに日本が答えるかどうかが、現在でも問われている。

それはそうとして、こうした中国がとった姿勢に対してソ連はどう出るのか、注目された。ソ連はヴィェトナムと友好協力条約を結び、カンボジアに侵攻するなど、東南アジアにどんどん進出していく。一方、中国の方はこれに対抗して、中越紛争といってヴィェトナムに兵を出したが、それで大失敗をし、恥をかくことになった。このように中ソの対立は具体的に東南アジア、インドシナの領域で行われた。そういう状況にあるのだから、中国は中ソ同盟条約を廃棄してよいのにそうしなかった。そこで日本は、中ソ同盟条約の扱いをはっきりさせなければだめだと、平和友好条約交渉の時にずいぶん迫った。その結果、中国が答えたのは「あんな条約はいまや《名存実亡》で、名前は残っているが中身はもうない」ということだった。

いまお話した経緯からみれば中ソ同盟条約が機能していないことはわかる。ソ連は中国を捨てたのであるし、中国はソ連に失望したのだから、もう役立っていない。それならはっきり廃棄すればよいのに、名存実亡で、「名前はあっても中身はない、だからご安心ください」、と言われて、「ああそうか、それはよかった」と思ってはいけない。

中国から「首相が靖国神社に参拝するような国とはもう関係を持ちません」と言われて、「だって日中平和友好条約があるじゃないか」と反論しても、「そんなものはもう名存実亡です」と言われたらどうするか。「そんな勝手なことを」と主張しても、「中ソ条約は名存実亡であることを、日中平和友好条約の交渉の時、あなたたちは納得したじゃないですか。今度は日中平和友好条約が名存実亡です。もう日本なんか関係ありません」と、言われかねない。

つまり中国という国の本質をよく知っておかないといけない。いまはもちろん名存実亡なんて言っていない、《名存実存》と言っている。しかしあまりしつこく「首相の靖国参拝、靖国参拝」を繰り返すと名存実亡になるかもしれない。

以上が中ソ同盟条約の処理である。これは平和友好条約締結交渉の反覇権条項と並んで、非常に重要なひとつの外交上の問題点だった。一般の人にはあまり関係のないことで、注目もされないし、解説もされなかったのだが、ほんとうの姿というか、意味はどういうところにあったのか知っていただくため、多少ご説明した。

歴史の真実はお墓へ

『記録と考証　日中国交正常化・日中平和友好条約締結』に、交渉当時の思い出を何か書いてくださいと言われ、「四つのエピソード」を書いた。そのうちの三つをご紹介する。

まず、「あの『二百隻の漁船』、あれは一体何だったのか」（二九七頁）という話である。これはまったくばかみたいな話で、このあたりの事情をおもしろおかしく知りたい方は、古沢健一さんという人が講談社から出している『日中平和友好条約』（一九八八年）という本を読まれるとよいだろう。この中に「二百隻の漁船」のくだりが相当詳しく書いてある。しかし、この事件は、週刊誌的なおもしろさはあるが、結果的には、「永遠の謎」である。

一九七八年の春、日中双方が一生懸命交渉してこれからまとまろうかという時になって、日本が固有の領土だと主張する尖閣諸島のあたりで、急に中国の漁船二〇〇隻余りが日本の領海に侵入して漁獲を始める。わが領土に侵入して魚を取ることは、侵略であり、略奪であると言って、永田町の議員みんなが怒った。そんなことをする相手との日中平和友好条約交渉は打ち切りだ、そう言いたがる議員がたくさんいた。何か事あれば、時の政府に反対して、自分の名前をあげ、次の選挙での当選を目論む連中が「わいわい」言う。

なかでも、中曾根康弘さんは当時、自民党の政調会長かなにかだったが、《上州戦争》という因縁もあって、同郷の福田首相に名をなさしめてなるものか、こんな条約は潰してしまえとは言わないまでも、ものすごく厳しい態度だった。尖閣諸島にあんなにたくさん漁船が出て領土主権が脅かされているようでは平和友好条約どころではない。平和友好条約を結ぶなら尖閣諸島に対する日本の領有権をはっきりさせろ、それがはっきりしない以上、自分は賛成しない、と主張していた。

そういう時に、冷静に対応するのが事務当局で、あわてることなく、なぜそうなったのかを冷静に見究める。新聞は、「政府は冷静に事態を見究わめる」と書く。すると、生ぬるい、そんなことで国が守れるか、という批判が出てきて、それを議員のみならず国民も楽しむわけである。

ところが北京の大使館の公使とか参事官が懸命に取材し、調査するのだが、真相はわからない。中国側も、はっきりしたことを言わない。そして、数日後、漁船がすべて引き揚げ、中国側は「調べてみたら、ちょうど漁獲をしていた漁船が魚群を追っているうちに潮に流されて、尖閣諸島の近くに紛れ込んでしまったが、もう引き揚げました」と言う。

そんなことですむだろうか。潮に流されて領海を侵犯し、他国の領海で魚を取りましたなどということは、これまで聞いたこともない。交渉の途中で人騒がせな事件を引き起こしておきながら、「わいわい」言って、最後は、「間違っていました」ですませてしまう。そんなよけいなことがなぜ起きたのかは、日本側がどんなに知恵をしぼって考えてもわからない。しかし、中国は真実を知っているが、その経緯を明らかにしない。日本だと、「言うな」と言っても、先の東京新聞のスクープのように、議員が気を許してみんな言ってしまうのだが、中国側は非常に口が堅く何も言わない。そこが日本と中国の違うところである。これは、国を守る姿勢があるかどうかの違いではないだろう。

この事件には、いくつかの仮定がある。あのあたりは海岸線の福建省とか広東省とか浙江省とかの、日本で言えば地方自治団体にあたるが、それらの地方の漁業組合が、「えいっ、やれやれ」と言って尖閣諸島の方まで魚を追って行って侵入したという考え方がひとつある。その場合は、地方の自治政府の指導者なり漁業組合なりの指令がなければ漁船はやらない。しかし、偶然、何百隻が一緒になってそんな所へ行くわけがない。となると、やはり中央から、出先きの漁船に「〇〇日の〇〇時〇〇分頃、尖閣諸島の周辺に漁に行け」

といった指令を出していたのかもしれない。引き揚げろとぱっと漁船を引き揚げたのも、中央の指令だったからできた、と推測もできる。もしそうだとしたら、中国政府はいったい何を考え、何の目的で日本が嫌がり、日本を怒らせるようなことをやったのだろうか。

いろいろ調べてみたが、結局わからなかった。しかし、その後こうしたことが起こらないので、やはりどこかの機関が指令を出していたのではという気もする。

でもこんなことはそれほど心配することはない。世の中にはわからないことはいっぱいある。外務省では毎年、その年に亡くなった外交官の慰霊の日がある。私はいつもお参りしながら思うのだが、この中にどれだけの人が真実を言いたいと思いながら、言わずに死んでいったのだろうか、歴史の真実というものはそういう人たちとともになくなっていく。先ほどお話したように、私自身、私の首を切るからと脅されたって、名前を言えない人がいる。そして、そういう類いのことはたくさんある。したがって、墓をいちいち掘り起こして聞いても仕方ない。わからないことはわからない、それでおしまいである。

目を未来に向けよう、ということでなければ、世の中を渡れない。とくに外交の世界というのは騙し合いだから、そう言ってはなんだが、私もずいぶん騙し嘘をつき、また騙され嘘をつかれたことがある。みなさんの世界では、どうなのか知らないが、外交の世界とはそのような世界である。

ソ連崩壊につながる

次に「八月一日に〝勝負あり〟」（三〇〇頁）。このエピソードは私が最も得意とするものである。何を得意とするか、外交というのは、アマチュアでなければできないこともある。〝盲者蛇におじず〟で、もうとんでもないことを素人がやってのけたり、ケガの功名でうまくいくことがあるかもしれない。しかしプロにはプロの外交があるのだというひとつの例を、私も年を重ねてきたので、紹介させてもらいたい。

日中平和友好条約の予備交渉のため訪中し、八回の交渉を重ね、いよいよこの条約交渉がうまくまとまるか、まとまらないか、東京ではいろんなことが入り交じって、どうなるかどうなるかと気をもんでいる頃のことである。

一九七八年八月一日に現地の、もう亡くなられたが、日本の佐藤正二大使公邸で日中双方の代表団を招いて宴会が催された。この宴会に私も出席したが、中国側の代表団の主要なメンバーが来ていた。丸いテーブルが三卓あって、幸い私はメインテーブルで、テーブルをぐるぐる回しながらおいしい中国料理を食べている最中に、「ところで華国鋒総理が東ヨーロッパに行かれるのはいつ頃になりましたか」と、聞いた。そうしたら向こうの幹部の一人が、「ああーあれは八月一八日ですよ」と答えた。私にとって、これはものすごいヒントである。何がヒントなのか、そこがプロとアマの違いだと私は言いたい。

当時、東ヨーロッパというのはソ連圏でソ連の衛星国である。そして、中国はソ連と対立、敵対している。その敵対するソ連の衛星国である国々をソ連の手から引き離そうというのが、華国鋒の東ヨーロッパ出張の目的だった。

中国が、そうしたことをする前に、すでにソ連から離れていたのはユーゴスラビアのチトー大統領である。チトーは非同盟主義者で、アメリカにもソ連にも組みせず、ユーゴスラビアは早くからソ連から身を引いていた。これは、チトーイズムとかチトー化とか言われた。あとのハンガリー、ブルガリア、ポーランド、チェコスロバキアはまだソ連にくっついている。そこで中国は、チトーのユーゴスラビアはもうよいから、次にどこをソ連から引き離すかと考え、目をつけたのがルーマニアである。そして華国鋒をルーマニアとユーゴスラビアに派遣する計画を立てた。

私は、「ははーん」と思った。ルーマニアはチャウセスクが大統領で、ルーマニアという名が示すようにローマンだから民族的にもラテン系である。そのルーマニアをソ連から引き離すために、華国鋒のカバンの中に、反ソ条項が明記された日中平和友好条約が入っているかいないかで、大きく違ってくると私は読んだ。

中国は、日本との間でも、ソ連の覇権主義に反対の条項を入れた平和友好条約を結んで、反ソ体制をきちんと整え、華国鋒は「お隣りのユーゴスラビアは早くから反ソ、非同盟中立ですよ。ルーマニアも早くソ連から逃げ出しなさい。ソ連の下にいるとろくなことはありませんよ」と言いたいはずだ。したがって、華国鋒がルーマニアに出発する前に、日中平和友好条約がまとまっているか、まとまっていないかは、中国の対ソ外交の中で非常に重要なポイントになるであろう。その華国鋒が東ヨーロッパにいつ行くのかと思っていたら、一八日になった。それなら、もうどんなことがあっても、中国は一八日以前に日本に譲歩して、日中平和友好条約を締結する、と私は判断した。そういうことは、自分できちんとそのことをわきまえ、他人にへらへら言うものではない。

そして、交渉の途中で、「中江アジア局長、一時帰国しろ」というので東京に帰って、有名な箱根会談が開かれた。箱根に福田首相と安倍晋太郎官房長官、園田外相が集まって、現地の代表団から帰ってきた私の報告を聞くことになった。帰国してすぐ、私は何を根拠にしてなどとは言わずに、福田首相に「この条約はまとまります。いやもうこれはまとまる状況になっています。大丈夫です」と報告すると、福田首相は、なんとかここでまとめたいと考え、園田外相を訪中させることになる。園田外相は「よし行こう」と、一九七八年八月八日、八の字が三つ並んで縁起がよいなと言って北京に向かった。園田外相は訪中する日、朝早く起きて、水を浴びて〝みそぎ〟をし、決死の覚悟である。あの人は武道で合わせると十何段というすごい猛者である。「交渉決裂せば生きて還らじ」というすごい覚悟だったと、奥さんの松谷天光光さんはおっしゃっていた。

そして、日中平和友好条約交渉の大詰めの外相会談を黄華外交部長との間で三回行い、三回目の時に黄華外交部長は先ほどの毒消しの第四条、最も日本側がよい案だと思っていた案を受け入れると、最大の譲歩をしてくる。私はそれみたことかと思っていたのだが、中国はもう全部日本の言うとおりで、けっこうだからこれでまとめよう、早く調印しようとなった。それをもって華国鋒はルーマニアに行く。そこからソ連圏の崩壊が始まる。

ソビエト社会主義共和国連邦がなくなってロシア共和国になる、あのソ連邦崩壊につながる、突破口というか、最初の一歩はこのあたりから始まる。華国鋒はルーマニアを落とし、やがてチェコスロバキア、ポーランド、ブルガリアと落ちていく。そしてソ連圏が崩壊して、ソ連が現在のように小さくなる。ソ連圏の崩壊と冷戦の終焉につながるのがこのエピソード「八月一日に〝勝負あり〟」である。国際情勢の変化にかかわるかなり重要な話であると思う。

孫文の炯眼

次の「『世界の潮流』に順うか逆らうか——孫文の詩句」（二〇一頁）も私の得意とするものである。北京の郊外に碧雲寺という寺がある。小さいがよい寺である。そこに孫文記念館というのがあり、交渉の合間にそこへ行って展示物を見ていたら、孫文が日本にいたころの写真とか手紙とかいろんな資料があって、その真ん中に孫文の詩が一つ広げられて飾ってあった。

世界潮流　浩浩蕩蕩
順之則昌　逆之則亡

「世界の潮流は浩浩蕩蕩たり　之に順えば則ち昌え　之に逆えば則ち亡ぶ」という意味である。この世界の潮流とは何であったか、孫文にとっては民族解放だった。それまで犬扱いされていた中国人を人間扱いにする。つまり人間復権、中国人の人権を確保しようというのが孫文の世界の潮流である。人権確保のための闘いは、いわゆる民族解放闘争で、世界で潮流になっている。アフリカでアジアでラテンアメリカで、いろんな国が独立して自分たちの国を作っていく流れである。民族解放闘争これが世界の潮流だ、これに従えば栄えるがこれに逆らうと滅びるという。大日本帝国はこれに逆らって滅んだ。しかし中国は、これから民族解放闘争という世界の潮流に従って栄えようとしている、という意味がある。

この孫文の詩を、条約がまとまった時の人民大会堂での大宴会で、わが方の首席代表である園田外相のスピーチの中に入れてもらった。園田さんは、一九五七年にポーランドとの国交回復に関する批准書交換式の特派大使となられた時に、私が随員を務めたこともあって、私に対しては非常に素直で、孫文の詩をそのまま取り入れて読んでくださった。それを聞きながら心の中で拍手をしていたのは私一人だけだった、ということになる。

覇権に反対する気概

先ほど申し上げたように、胡錦濤は日中関係七団体との会談で、中国は覇権を唱えることはないと言っている。したがって、日中平和友好条約は名存実亡にはなっていない。彼らには日中平和友好条約の反覇権条項は生きている。

一方、わが方は、覇権に反対したことがいったいあるのだろうか。よくよく考えてみると、独立国日本にいつまでも外国の軍隊を駐留させて、基地従業員の基本給、施設の高熱費、水道料、訓練移転費などを負担し、さらにアメリカ軍基地のグアムへの移転の費用まで持てと言われ、言うことを聞かなければ、アメリカは日本を守らないぞと言われんばかりである。そういうのを覇権主義と言うのか言わないのか、もし覇権主義と言うのであれば、それに反対しなければいけない。しかし、反対する気概は日本のどこにあるのだろうか。

それから、先ほどの中ソ同盟条約の有効期限は三〇年で、その三〇年目は一九八〇年だった。日中平和友好条約が締結された二年後である。その時、「これでおしまい」という措置を中国政府はとったから、中ソ同盟条約は有効期限で終わっている。一方、日中平和友好条約の有効期限、ほとんどの人は知らないだろうが、一〇年である。一〇年を経過すればいつでも、どちらからも「もうこの条約はやめた」と言うことはできる。しかし、中国がうるさいことを言うのなら、平和友好条約を廃棄をしてしまえという意見が出てくるかというとそうではない。偉そうなことを言う人もそこまでは言わないし、言う勇気もない。それだけの見識がないから、ただ文句を言っているだけである。有効期限がちゃんとあるのだから、それにもとづいてお互いに反省し、検討しながら確かな道を歩いていくことを忘れないようにする必要がある。

私は、日中平和友好条約締結二〇年を迎えた時に、東京新聞のコラム『時代を読む』に「『日中条約』二〇年、三つの教え」と、いうのを書いている。ずいぶん前（一九九八年六月一日）だったが、このコラムは、日中平和友好条約締結三〇年の現在もそのまま有効だと思うので紹介する。

この条約から三つのことを学びとることができると書いてある。

第一は、非常に大事なことだが、体制や価値観の相違にもかかわらず平和友好関係を樹立すべく結ばれたものだ。これは多極化の世界を先取りしている。

第二は、いずれの国も覇権を求めるべきではない。これは先ほど来何度も説明した覇権反対である。

最後に第三。有効期間は一〇年、その後は一年の予告でいつでも終了させることができる。しかし今日までいずれからも終了させようとの声はまったく聞かれない。それは両方ともこの条約で平和友好関係を継続することが自国の利益に合致するとの認識で一致しているからだと思う。そして、反対する人はいない。

「以上三点についてのべたように、この条約の意義は深遠であり、示唆に富む」。したがって、忘れてはいけないと述べたのが、このコラムである。

反覇権実現のために

反覇権について書いたのが、再びその年（一九九八年八月三〇日）の東京新聞である。「『反覇権』の約束を守ろう」と題したもので、「日中両国は、日中平和友好条約二十周年のいま、この『反覇権』の約束を再確認する必要がありはしないか」、という内容である。

たとえば中国の核兵器先制不使用はよいが、核兵器廃絶のために核保有五カ国の特権的地位に対して挑戦してみるべきではないか。イランの核開発問題についても、国連の安保理に持っていくと核保有国が言うのは、安保理の力でイランをねじ伏せるためである。そして、安保理の力というのは、つまり核兵器である。イランが核の開発をするのを核兵器で押さえようというのが現在のやり方で、これは安保理の覇権主義だと私は思う。したがって、中国はそれに反対すべきである。

では、日本はどうか。太平洋戦争の戦争責任やけじめを、あいまいにするような政治家の発言が相変わらず飛び出し、歴史教育をめぐる論争、加えて首相の靖国神社参拝に固執する姿を見ると、日本における軍国主義的、拡張主義的思想の復活につながるおそれはないか、反省すべきである。アメリカにいたっては、言うまでもなく対イラク単独武力攻撃である。

それから、東京新聞論説委員の川村範行さんのコラム、これは二〇〇三年の一二月七日のもので、「『反覇権』はどこへ」行ったのだと訴えておられる。

反覇権は今や形が薄くなりかけていないか。

「日本の政治家も中国の政治家も反覇権を忘れている。覇権を認めてもよい、というふうに世の中が変わってきた」。中江氏はこう警鐘をならす。

かつて中国革命の父・孫文は神戸で「大アジア主義」について講演し、日本は西洋覇道の番犬となるか、東洋王道の道を歩むかと問いかけた。

武力で他国や他民族を圧迫する「功利強権」の覇道とは別に、「仁義道徳」を主張する王道があると、孫文は説いた。

その追求は昔も今もなかなか難しい。

いま米国の突出した軍事力の前で、日本も中国もとまどっている。両国の反覇権の意義があらためて問われている。

中江氏というのは私のことである。今回のお話の締めくくりにはぴったしのコラムである。

胡耀邦との人間的なつながり

胡耀邦総書記の時代に私は中国大使を務めた。当時、アメリカの新聞が、「わがアメリカの大使は在任中、一年、二年の間に総書記と食事をするのは一度か二度しかない。にもかかわらず、日本の大使は一週間に三回も食事をしている。これはどうしてだ」と批判するくらい、その頃の日中の関係はうまくいっていた。なぜそうなのかと言えば、胡耀邦という人が、日本というものを積極的にわかろうとし、日中で協力しようとしたからである。何か問題が起きても、最初からこれはだめだ、なんとかしてつぶしてやろうというのではなくて、どういうことか聞いてみよう、一緒になって考え、よい方向を見出そうという、心構えが違う。

東京にいた王毅駐日前大使が、「外交というのは、最後は人間の問題であるから」と言っていたように、大使が訓令にもとづいて動くといったことではなく、人間関係が外交では大きな働きをする。交渉する人間同士が理解し合っているか、それとも不愉快に思っているかによって違ってくる。したがって、靖国神社に行くことに固執しているような人とは、首脳会談を開けないというのはあたりまえである。

人間同士の信頼関係がなければ、どんなことを話し合ったってだめだ。何百億ドル援助するからと言ったって、そんなものは意味がない。私はよく言うが、先ほどの福田ドクトリンに、いままでは金と物だが、これからは心が大事だという第二の原則がある。東南アジアに対する援助は金と物ばかりだった。貧しい人に、これをやるから受け取れと、金と物を送るにしても、そこに心がこもっているかどうかが問題である。その人がどういうふうに困っているのかを知り、手伝ってあげようと、心を込めて物を援助するのと、ただ金をやればよいというのは根本的に違う。そうした心の問題は非常に大事なことで、そういう意味で胡耀邦という人は、中国の歴代の指導者の中でもほんとうに心のある人だったと私は思う。

会って話をするのは人間同士だから、この人は問題だなという人と、この人はよく理解してくれる人だなというのはよくわかる。胡耀邦時代は、日本側では教科書問題、防衛費のGNP一パーセント枠突破の問題、光華寮問題*と、いやな問題がたくさんあった。しかし、決して現在のようにはならなかった。

先方がこの人とは話ができるのだ、と思ってくれたかどうかわからないが、何かあると「日本大使！」と言って呼んでいただき話をしたことは事実である。

＊光華寮問題　光華寮は京都にある中国人留学生の寮。一九六七年、中華民国駐日特命全権大使を原告代表として、中華人民共和国を支持する中国人留学生八名の立ち退きを求めて提訴。裁判の途中で、日本政府と中華民国政府が国交を断絶したことから、中華民国政府は、断交後も日本の裁判において当事者能力を有するのか、光華寮の所有者は、中華人民共和国政府であるか、中華民国政府であるかが争点となった。最高裁判所は二〇〇七年三月、第一審審理中の一九七二年九月二九日の日中共同声明発表の時点で訴訟手続きは中断、原告を中華人民共和国に承継させて審理をやり直すよう命じた。光華寮の所有者については判断しなかった。

カイロ宣言（日本国ニ関スル英、米、華三国宣言）

一九四三年一一月二七日カイロで署名

「ローズヴェルト」大統領、蔣介石大元帥及「チャーチル」総理大臣ハ、各自ノ軍事及外交顧問ト共ニ北「アフリカ」ニ於テ会議ヲ終了シ左ノ一般的声明ヲ発セラレタリ

「各軍事使節ハ日本国ニ対スル将来ノ軍事行動ヲ協定セリ

三大同盟国ハ海路、陸路及空路ニ依リ其ノ野蛮ナル敵国ニ対シ假借ナキ弾圧ヲ加フルノ決意ヲ表明セリ右弾圧ハ既ニ増大シツツアリ

三大同盟国ハ日本国ノ侵略ヲ制止シ且之ヲ罰スル為今次ノ戦争ヲ為シツツアルモノナリ右同盟国ハ自国ノ為ニ何等ノ利得ヲモ欲求スルモノニ非ズ又領土拡張ノ何等ノ念ヲモ有スルモノニ非ズ

右同盟国ノ目的ハ日本国ヨリ千九百十四年ノ第一次世界戦争ノ開始以後ニ於テ日本国ガ奪取シ又ハ占領シタル太平洋ニ於ケル一切ノ島嶼ヲ剥奪スルコト並ニ満州、台湾及澎湖島ノ如キ日本国カ清国人ヨリ盗取シタル一切ノ地域ヲ中華民国ニ返還スルコトニ在リ

日本国ハ又暴力及貪慾ニ依リ日本国ノ略取シタル他ノ一切ノ地域ヨリ駆逐セラルベシ

前記三大国ハ朝鮮ノ人民ノ奴隷状態ニ留意シ軈テ朝鮮ヲ自由且独立ノモノタラシムルノ決意ヲ有ス

右ノ目的ヲ以テ右三同盟国ハ同盟諸国中日本国ト交戦中ナル諸国ト協調シ日本国ノ無條件降伏ヲ齎スニ必要ナル重大且長期ノ行動ヲ続行スベシ」

（旧漢字を新漢字に改めた）

「ポツダム」共同宣言（米、英、支三国宣言）

一九四五年七月二六日 ポツダムで署名

一 吾等合衆国大統領、中華民国政府主席及「グレート・ブリテン」国総理大臣ハ吾等ノ数億ノ国民ヲ代表シ協議ノ上日本国ニ対シ今次ノ戦争ヲ終結スルノ機会ヲ与フルコトニ意見一致セリ

二 合衆国、英帝国及中華民国ノ巨大ナル陸、海、空軍ハ西方ヨリ自国ノ陸軍及空軍ニ依ル数倍ノ増強ヲ受ケ日本国ニ対シ最後的打撃ヲ加フルノ態勢ヲ整ヘタリ右軍事力ハ日本国ガ抵抗ヲ終止スルニ至ル迄同国ニ対シ戦争ヲ遂行スルノ一切ノ連合国ノ決意ニ依リ支持セラレ且鼓舞セラレ居ルモノナリ

三 蹶起セル世界ノ自由ナル人民ノ力ニ対スル「ドイツ」国ノ無益且無意義ナル抵抗ノ結果ハ日本国国民ニ対スル先例ヲ極メテ明白ニ示スモノナリ現在日本国ニ対シ集結シツツアル力ハ抵抗スル「ナチス」ニ対シ適用セラレタル場合ニ於テ全「ドイツ」国人民ノ土地、産業及生活様式ヲ必然的ニ荒廃ニ帰セシメタル力ニ比シ測リ知レザル程更ニ強大ナルモノナリ吾等ノ決意ニ支持セラルル吾等ノ軍事力ノ最高度ノ使用ハ日本国軍隊ノ不可避且完全ナル壊滅ヲ意味スベク又同様必然的ニ日本国本土ノ完全ナル破滅ヲ意味スベシ

四 無分別ナル打算ニ依リ日本帝国ヲ滅亡ノ淵ニ陥レタル我儘ナル軍国主義的助言者ニ依リ日本国ガ引続キ統御セラルベキカ又ハ理性ノ経路ヲ日本国ガ履ムベキカヲ日本国ガ決定スベキ時期ハ到来セリ

五 吾等ノ条件ハ左ノ如シ

吾等ハ右条件ヨリ離脱スルコトナカルベシ右ニ代ル条件存在セズ吾等ハ遅延ヲ認ムルヲ得ズ

六 吾等ハ無責任ナル軍国主義ガ世界ヨリ駆逐セラルルニ至ル迄ハ平和、安全及正義ノ新秩序ガ生ジ得ザ

ルコトヲ主張スルモノナルヲ以テ日本国国民ヲ欺瞞シ之ヲシテ世界征服ノ挙ニ出ヅルノ過誤ヲ犯サシメタル者ノ権力及勢力ハ永久ニ除去セラレザルベカラズ

七　右ノ如キ新秩序ガ建設セラレ且日本国ノ戦争遂行能力ガ破砕セラレタルコトノ確証アルニ至ル迄ハ連合国ノ指定スベキ日本国領域内ノ諸地点ハ吾等ノ茲ニ指示スル基本的目的ノ達成ヲ確保スル為占領セラルベシ

八　「カイロ」宣言ノ条項ハ履行セラルベク又日本国ノ主権ハ本州、北海道、九州及四国竝ニ吾等ノ決定スル諸小島ニ局限セラルベシ

九　日本国軍隊ハ完全ニ武装ヲ解除セラレタル後各自ノ家庭ニ復帰シ平和的且生産的ノ生活ヲ営ムノ機会ヲ得シメラルベシ

十　吾等ハ日本人ヲ民族トシテ奴隷化セントシ又ハ国民トシテ滅亡セシメントスルノ意図ヲ有スルモノニ非ザルモ吾等ノ俘虜ヲ虐待セル者ヲ含ム一切ノ戦争犯罪人ニ対シテハ厳重ナル処罰ヲ加ヘラルベシ日本国政府ハ日本国国民ノ間ニ於ケル民主主義的傾向ノ復活強化ニ対スル一切ノ障礙ヲ除去スベシ言論、宗教及思想ノ自由竝ニ基本的人権ノ尊重ハ確立セラルベシ

十一　日本国ハ其ノ経済ヲ支持シ且公正ナル実物賠償ノ取立ヲ可能ナラシムルガ如キ産業ヲ維持スルコトヲ許サルベシ但シ日本国ヲシテ戦争ノ為再軍備ヲ為スコトヲ得シムルガ如キ産業ハ此ノ限ニ在ラズ右目的ノ為原料ノ入手（其ノ支配トハ之ヲ区別ス）ヲ許可サルベシ日本国ハ将来世界貿易関係ヘノ參加ヲ許サルベシ

十二　前記諸目的ガ達成セラレ且日本国国民ノ自由ニ表明セル意思ニ従ヒ平和的傾向ヲ有シ且責任アル政府ガ樹立セラルルニ於テハ連合国ノ占領軍ハ直ニ日本国ヨリ撤収セラルベシ

十三　吾等ハ日本国政府ガ直ニ全日本国軍隊ノ無条件降伏ヲ宣言シ且右行動ニ於ケル同政府ノ誠意ニ付

適当且充分ナル保障ヲ提供センコトヲ同政府ニ対シ要求ス右以外ノ日本国ノ選択ハ迅速且完全ナル壊滅アルノミトス
（旧漢字を新漢字に改めた）

日本国政府と中華人民共和国政府の共同声明（日中共同声明）

日本国内閣総理大臣田中角栄は、中華人民共和国国務院総理周恩来の招きにより、一九七二年九月二五日から九月三〇日まで、中華人民共和国を訪問した。田中総理大臣には大平正芳外務大臣、二階堂進内閣官房長官その他の政府職員が随行した。

毛沢東主席は、九月二七日に田中角栄総理大臣と会見した。双方は、真剣かつ友好的な話合いを行った。

田中総理大臣及び大平外務大臣と周恩来総理及び姫鵬飛外交部長は、日中両国間の国交正常化問題をはじめとする両国間の諸問題及び双方が関心を有するその他諸問題について、終始、友好的な雰囲気のなかで真剣かつ率直に意見交換し、次の両政府の共同声明を発出することに合意した。

日中両国は、一衣帯水の間にある隣国であり、長い伝統的友好の歴史を有する。両国国民は、両国間にこれまで存在していた不正常な状態に終止符を打つことを切望している。戦争状態の終結と日中外交の正常化という両国国民の願望の実現は、両国関係の歴史に新たな一頁を開くこととなろう。

日本側は、過去において日本国が戦争を通じて中国国民に重大な損害を与えたことについての責任を痛感し、深く反省する。また、日本側は、中華人民共和国政府が提起した「復交三原則」を十分理解する立場に立って国交正常化の実現をはかるという見解を再確認する。中国側は、これを歓迎するものである。

日中両国間には社会制度の相違があるにもかかわらず、両国は、平和友好関係を樹立すべきであり、また、樹立することが可能である。両国間の国交を正常化し、相互に善隣友好関係を発展させることは、両国国民の利益に合致するところであり、また、アジアにおける緊張緩和と世界の平和に貢献するものである。

一　日本国と中華人民共和国との間のこれまでの不正常な状態は、この共同声明が発出される日に終了する。

二　日本国政府は、中華人民共和国政府が中国の唯一の合法政府であることを承認する。

三　中華人民共和国政府は、台湾が中華人民共和国の領土の不可分の一部であることを重ねて表明する。日本国政府は、この中華人民共和国政府の立場を十分理解し、尊重し、ポツダム宣言第八項に基づく立場を堅持する。

四　日本国政府及び中華人民共和国政府は、一九七二年九月二九日から外交関係を樹立することを決定した。両政府は、国際法及び国際慣行に従い、それぞれの首都における他方の大使館の設置及びその任務遂行のために必要なすべての措置をとり、また、できるだけすみやかに大使を交換することを決定した。

五　中華人民共和国政府は、中日両国民の友好のために、日本国に対する戦争賠償の請求を放棄することを宣言する。

六　日本国政府及び中華人民共和国政府は、主権及び領土保全の相互尊重、相互不可侵、内政に対する相互不干渉、平等及び互恵並びに平和共存の諸原則の基礎の上に両国間の恒久的な平和友好関係を確立することに合意する。

両政府は、右の諸原則及び国際連合憲章の原則に基づき、日本国及び中国が、相互の関係において、すべての紛争を平和的手段により解決し、武力又は武力による威嚇に訴えないことを確認する。

七　日中両国間の国交正常化は、第三国に対するものではない。両国のいずれも、アジア・太平洋地域において覇権を求めるべきではなく、このような覇権を確立しようとする他のいかなる国あるいは国の集団による試みにも反対する。

八　日本国政府及び中華人民共和国政府は、両国間の平和友好関係を強固にし、一層発展させるため、平和友好条約の締結を目的として、交渉を行うことを合意した。

九　日本国政府及び中華人民共和国政府は、両国間の関係を一層発展させ、人的往来を拡大するため、必要に応じ、また、既存の民間取決めをも考慮しつつ、貿易、海運、航空、漁業等の事項に関する協定の締結を目的として、交渉を行うことに合意した。

一九七二年九月二九日北京で

日本国内閣総理大臣　田中角栄（署名）

日本国外務大臣　大平正芳（署名）

中華人民共和国国務院総理　周恩来（署名）

中華人民共和国　外交部長　姫鵬飛（署名）

日本国と中華人民共和国との間の平和友好条約（日中平和友好条約）

日本国及び中華人民共和国は、

一九七二年九月二九日に北京で日本国政府及び中華人民共和国政府が共同声明を発出して以来、両国政府及び両国民の間の友好関係が新しい基礎の上に大きな発展を遂げていることを満足の意をもって回顧し、

前記の共同声明が両国間の平和友好関係の基礎となるものであること及び前記の共同声明に示された諸原則が遵守されるべきことを確認し、

国際連合憲章の原則が十分に尊重されるべきことを確認し、アジア及び世界の平和及び安定に寄与することを希望し、

両国間の平和友好関係を強固にし、発展させるため、

平和友好条約を締結することに決定し、このため、次のとおりそれぞれ全権委員を任命した。

日本国　外務大臣　園田　直

中華人民共和国　外交部長　黄　華

これらの全権委員は、互いにその全権委任状を示し、それが良好妥当であると認められた後、次のとおり協定した。

第一条

1　両締約国は、主権及び領土保全の相互尊重、相互不可侵、内政に対する相互不干渉、平等及び互恵並びに平和共存の諸原則の基礎の上に、両国間の恒久的な平和友好関係を発展させるものとする。

2　両締約国は、前記の諸原則及び国際連合憲章の原則に基づき、相互の関係において、すべての紛争を平和的手段により解決し及び武力又は武力による威嚇に訴えないことを確認する。

第二条

両締約国は、そのいずれも、アジア・太平洋地域においても又は他のいずれの地域においても覇権を求

めるべきではなく、また、このような覇権を確立しようとする他のいかなる国又は国の集団による試みにも反対することを表明する。

第三条

両締約国は、善隣友好精神に基づき、かつ、平等及び互恵並びに内政に対する相互不干渉の原則に従い、両国間の経済関係及び文化関係の一層の発展並びに両国民の交流の促進のために努力する。

第四条

この条約は、第三国との関係に関する各締約国の立場に影響を及ぼすものではない。

第五条

1　この条約は、批准されるものとし、東京で行われる批准書の交換の日に効力を生ずる。この条約は、十年間効力を有するものとし、その後は、2の規定に定めるところによって終了するまで効力を存続する。

2　いずれの一方の締約国も、一年前に他方の締約国に対して文書による予告を与えることにより、最初の十年の期間の満了の際またはその後いつでもこの条約を終了させることができる。

以上の証拠として、各全権委員は、この条約に署名調印した。

一九七八年八月一二日に北京で、ひとしく正文である日本語及び中国語により本書二通を作成した。

日本国のために　　園田　直（署名）

中華人民共和国のために　黄　華（署名）

あとがき

私は、このような本が出版されようとは、正直言って考えてもみなかった。否、考えていたかも知れないが、実際に出版される見込みは皆無にひとしいとさえ思っていた。それが、何と出版されることになったのだから、以て冥すべし、というところかもしれない。

そもそもこの本のモトになっているのは、二〇〇五年の終りに近い頃、知人の日中友好九九人委員会と日中交流史研究会の方々から日中関係について実務を担当していた頃のことを包み隠さず、正直ベースで語り尽くしていただけないかとの提言があり、「待ってました」と引き受けて、二〇〇六年の春、私が外務省のアジア局勤務時代に担当した三つのテーマにわけて話したいだけ話したところ、それがテープに収録され、やがて活字となり、俗称「日中三点セット」として講演録にまとめられた。

問題はそれからである。

その講演録を一冊の本にまとめて世に問うことができればなぁ……と密かに期待するようになってはみたが、はたして誰がこのようなものに興味を示して本にしてみようなどと思って下さるだろうか、と冷ややかに成り行きを見守ることにしていた。

すると、どうだろう、思いも寄らぬ時に、思いも寄らぬ人から「あれを本にして出版したい」と申し出ている人がおられるとの話が持ち込まれ、アッという間に刷り上り、出版の運びとなったのがこの本である。

中身は、だから、私が腹一杯喋りたいだけ喋り、真意を分かって貰えるようにと少々荒っぽくなっても面白可笑しく話した部分がかなりある。それで私の言わんとするところをわかっていただけるならもう何をか言わんやという気持ちである。

したがって、日中国交正常化、日華断交、日中平和友好条約、の三点セットとしては、世界中探したってこれ以上のものはない、と言うほどの自信作である。

「何？　これっきしのものが自信作だって？　呆れた話だ！」と思われるかも知れない。

しかし、これが私の限界だから致し方あるまい。

日中平和友好条約締結三〇周年記念として心ある人たちの参考になれば幸い、という程度のものである。

それにしても、私の三回に及ぶ講演の内容を克明に記録し、整理してまとめ上げて下さった日中友好九九人委員会・日中交流史研究会の鈴木和晋幹事、その講演録をこのように遜色のない立派な一冊の本に仕上げて下さった蒼天社出版編集部の田島純夫氏にはいくら感謝してもしすぎることはない。

二〇〇八年一月二五日

元中華人民共和国駐箚日本国特命全権大使　中江　要介

本書は、日中友好九九人委員会主催、日中友好会館協力で行われた「日中交流史研究会」の二〇〇六年二月から四月まで三回の公開講座の講演記録をもとに修正、補充したものである。

【著者紹介】

中江 要介（なかえ ようすけ）

1922年、大阪に生まれる。旧制三高、京都大学法学部卒業。1947年、外務省入省。在フランス大使館、在ブラジル大使館、在ニューヨーク国連代表部勤務を経て条約局法規課長。その後、在ヴィェトナム大使館、在フランス大使館(ユネスコ常駐代表)勤務の後、アジア局参事官、アジア局次長を経て、1975年からアジア局長。その後、ユーゴスラビア大使、エジプト大使(南イエメン兼轄)を経て、1984年から中国大使を務め、1987年に退官。1991年まで原子力委員会委員。その後、三菱重工業顧問などを務める。現在、日中関係学会名誉会長。著書に『中国の行方 —— 残された社会主義大国』(KK ベストセラーズ)、『らしくない大使のお話』(読売新聞社)などがある。また、《霞(かすみ) 完(かん)》のペンネームでバレエ台本に「いのち」「動と静」「蕩々たる一衣帯水」「鵲の橋」がある。

日中外交の証言

2008年3月1日　初版第1刷発行

著　者　中江 要介

発行者　上野 教信

発行所　蒼天社出版（株式会社 蒼天社）
112-0011　東京都文京区千石4-33-18
電話　03-5977-8025　FAX　03-5977-8026
振替口座番号　00100-3-628586

印刷・製本所　株式会社 厚徳社

ISBN 978-4-901916-23-3 Printed in Japan

荒 敬・内海 愛子・林 博史 編集

国立国会図書館所蔵『GHQ/SCAP 文書目録』

全 12 冊（ブック 11 冊、補巻 1 ・CD-ROM）

揃価格（本体 420,000 円＋税）

● 推薦します―― 竹前 栄治

このたび、蒼天社出版から刊行された「GHQ/SCAP 文書目録」は対日占領政策文書の検索にきわめて便利であり、その意義は大きく、率直に喜びたい。

1971 年の米大統領命令により、国務省の機密外交文書が「25 年原則」に基づいて公開されるというので、早速ワシントン郊外のスートランドにある国立公文書館の別館「ワシントン・ナショナル・レコード・センター」に行きました。しかし、GHQ/SCAP 文書を見に訪れた第 1 号とのことで、地下室のガラス張りのブースに入れられ、厳重な監視の下で閲覧できたのです。文書は、こちらの要求を聞いて係官が見繕い、フォルダーを探し出し、機密文書解除官の審査をクリアして持ってきてくれました。翌年には 1 階にちゃんとした閲覧室ができ、シッピング・リストやシェルフ・リストなどを使って、読みたい文書が入っていそうなフォルダーを収納しているボックス番号を請求したものです。ここは占領関係文書の宝庫でしたので、日本の研究者は競ってワシントン詣でをしました。それが現在では、ワシントンに行かずに国立国会図書館で全資料を閲覧できるだけでなく、本書を使えば、読みたい資料をより効率的に検索できるのです。まさに隔世の観があります。

戦後 60 年を経た今日、国際環境、国民の意識、社会環境も変わり、日本がどちらに向かって進むべきなのかが問われています。今の憲法は時代にそぐわないとか、教育の乱れ、治安の悪化、道徳の退廃などの根元は占領政策にあるといわれていますが果たしてそうでしょうか。私は、それらの言説は短絡的で、多くは占領政策の意図も実態も知らない感情論であると思います。今こそ戦後の原点に立ち返り、原資料に基づく占領政策や占領期の改革を新たな視点から再検討してみることが重要となります。そのために本書を大いに活用されることを望みます。